Tafelwerk

Mathematik –
Physik –
Chemie

Klassen 11/12

Volk und Wissen Verlag GmbH
Berlin

Zusammengestellt und bearbeitet von
Karlheinz Martin – Teil Mathematik,
Dr. Lothar Meyer, Dr. sc. Hans-Joachim Wilke, Prof. Dr. Manfred Wünschmann – Teil Physik,
Klaus Sommer – Teil Chemie.

Das Buch enthält Zahlentafeln, Wertetabellen und Formeln, die für den mathematisch-naturwissenschaftlichen Unterricht in der Abiturstufe benötigt werden.

Tafelwerk Mathematik, Physik, Chemie: Klassen
11/12. – 1. Aufl. – Berlin : Volk und Wissen
1991. – 96 S.

ISBN 3-06-001165-6

Unveränderter Nachdruck der 6. Auflage mit der Titel-Nr. 001157
Printed in Germany
Gesamtherstellung: Dresdner Druck- und Verlagshaus GmbH
Zeichnungen: Heinz Grothmann
Einband und typografische Gestaltung: Atelier vwv Wolfgang Lorenz

Inhalt

mathematik

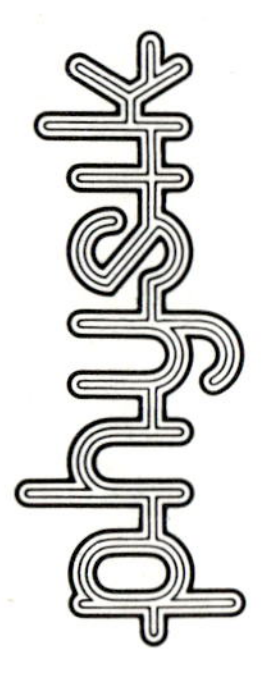
physik

chemie

Mathematische Zeichen

Zeichen	Sprechweise; Erläuterung
$\in$	Element von ■ $2 \in N$
$\notin$	nicht Element von ■ $2{,}5 \notin N$
$\subseteqq$	Teilmenge von ■ $N \subseteqq R$
$\subset$	echte Teilmenge von ■ $N \subset R$
$\{a, b, \ldots\}$	Menge der Elemente $a, b, \ldots$
$\emptyset$	die leere Menge
$\cap$	geschnitten mit
$[a; b]$	geordnetes Paar a, b
$\underset{Df}{=}$	bedeutet nach Definition
$\approx$	ist angenähert gleich (rund)
$\triangleq$	entspricht ■ 1 kg Steinkohle $\triangleq$ 29 MJ
$\sim$	proportional; ähnlich (↗ 35)
$\cong$	kongruent
$\mid$	teilt ■ $9 \mid 36$
$\nmid$	teilt nicht
$\lvert z \rvert$	Betrag von z ■ $\lvert -2 \rvert = +2$ $\lvert a \rvert = a$, falls $a \geqq 0$ $\lvert a \rvert = -a$, falls $a < 0$
$\sphericalangle$	Winkel
$\sphericalangle$ (mit Pfeil)	orientierter Winkel
$\overset{\frown}{AB}$	Bogen AB
$\overrightarrow{AB}$	gerichtete Strecke AB; Vektor AB (↗ 50)
$\vec{a}$	Vektor a

Zeichen	Sprechweise; Erläuterung
(a, b)	offenes Intervall a, b – Intervall von a bis b unter Ausschluß der Randwerte a und b
$\langle a, b \rangle$	abgeschlossenes Intervall a, b – Intervall von a bis b unter Einschluß der Randwerte a und b
$f(x)$	f von x – Funktionswert des Argumentes x
$f'(x)$ y' $\frac{dy}{dx}$	f Strich von x y Strich dy nach dx – 1. Ableitung der Funktion $y = f(x)$ (↗ 47: Differenzierbarkeit)
$f'(x_0)$	f Strich von x Null – 1. Ableitung der Funktion $y = f(x)$ an der Stelle x_0
$f''(x)$ y'' $\frac{d^2y}{dx^2}$	f Zweistrich von x y Zweistrich d zwei y nach d x Quadrat – 2. Ableitung der Funktion $y = f(x)$
$f^{(n)}(x)$	n-te Ableitung der Funktion $y = f(x)$
(a_k)	Folge a_k
$n!$	n Fakultät (↗ 46)
$\binom{n}{p}$	n über p (↗ 46) – Binomialkoeffizient

Zeichen	Sprechweise; Erläuterung
$\sum_{n=1}^{m} a_n$	Summe a_n über alle n von 1 bis m
°, ′, ″	Grad, Minute, Sekunde – Einheiten eines Winkels im Gradmaß
rad	Radiant – Einheit eines Winkels im Bogenmaß (↗ 28)
$\uparrow\uparrow$	gleich gerichtet mit (zwischen zueinander parallelen Vektoren)
$\uparrow\downarrow$	entgegengesetzt gerichtet mit (zwischen zueinander parallelen Vektoren)
$\log_a x$	Logarithmus x zur Basis a (↗ 36)
lg	dekadischer Logarithmus
ln	natürlicher Logarithmus – Logarithmus zur Basis e (↗ 22)
lim	Limes; Grenzwert (↗ 45)
$\to$	gegen
Δx; Δy	Delta x, Delta y; Differenz zweier Argumente (Funktionswerte)
$\int f(x)dx$	Integral f von x dx
$\int_a^b$	Integral von a bis b
$\vec{a} \cdot \vec{b}$	Vektor a Punkt Vektor b (↗ 51)

Mathematische Konstanten

π	3,1416	$\sqrt{2}\,\pi$	4,4429	$\frac{1}{\sqrt{\pi}}$	0,5642	$\sqrt[3]{\pi}$	1,4646
2π	6,2832	$\sqrt{3}\,\pi$	5,4414	$\frac{1}{2\sqrt{\pi}}$	0,2821	$\sqrt[3]{\frac{6}{\pi}}$	1,2407
3π	9,4248	$\frac{1}{\sqrt{2}}\pi$	2,2214	$\sqrt{\frac{\pi}{2}}$	1,2533	$\sqrt[3]{\frac{4\pi}{3}}$	1,6120
4π	12,5664	$\frac{1}{\sqrt{3}}\pi$	1,8138	$\frac{1}{\sqrt{2\pi}}$	0,3989	$\sqrt[3]{\frac{3}{4\pi}}$	0,6204
$\frac{1}{2}\pi$	1,5708	$\frac{1}{\pi}$	0,3183	$\sqrt{\frac{2}{\pi}}$	0,7979	e	2,7183
$\frac{1}{3}\pi$	1,0472	$\frac{1}{2\pi}$	0,1592	$\sqrt{\frac{3}{\pi}}$	0,9772	e^2	7,3891
$\frac{2}{3}\pi$	2,0944	$\frac{1}{4\pi}$	0,0796	$\sqrt{\frac{4}{\pi}}$	1,1284	$\sqrt{e}$	1,6487
$\frac{4}{3}\pi$	4,1888	$\frac{3}{4\pi}$	0,2387	π^2	9,8696	$\sqrt[3]{e}$	1,3956
$\frac{1}{4}\pi$	0,7854	$\frac{180}{\pi}$	57,296	$4\pi^2$	39,478	e^{π}	23,1407
$\frac{1}{6}\pi$	0,5236	$\frac{360}{\pi}$	114,592	$\frac{1}{4}\pi^2$	2,4674	$e^{-\pi}$	0,0432
$\frac{5}{6}\pi$	2,6180	$\sqrt{\pi}$	1,7725	$\frac{1}{\pi^2}$	0,1013	$\frac{1}{e}$	0,3679
$\frac{1}{12}\pi$	0,2618	$\sqrt{2\pi}$	2,5066	$\frac{1}{4\pi^2}$	0,0253	$\frac{1}{e^2}$	0,1353
$\frac{1}{180}\pi$	0,0175	$2\sqrt{\pi}$	3,5449	π^3	31,006	$\lg e$	0,4343
$\frac{1}{360}\pi$	0,0087	$\frac{1}{2}\sqrt{\pi}$	0,8862			$\frac{1}{\lg e}$	2,3026

$\pi \approx 3{,}141\,592\,653\,589\,793\,238\,462\,643\,383\,279\,502\,884\,197\,169\,399\ldots$

$\sqrt{2} \approx 1{,}414\,213\,562\,373\,095\,048\,801\ldots$; $\sqrt{3} \approx 1{,}732\,050\,807\,568\,877\,293\,527\ldots$

$e \approx 2{,}718\,281\,828\,459\,045\ldots$

Die Primzahlen bis 1367

2	71	163	263	373	479	601	719	839	971	1091	1229
3	73	167	269	379	487	607	727	853	977	1093	1231
5	79	173	271	383	491	613	733	857	983	1097	1237
7	83	179	277	389	499	617	739	859	991	1103	1249
11	89	181	281	397		619	743	863	997	1109	1259
13	97	191	283		503	631	751	877		1117	1277
17		193	293	401	509	641	757	881	1009	1123	1279
19	101	197		409	521	643	761	883	1013	1129	1283
23	103	199	307	419	523	647	769	887	1019	1151	1289
29	107		311	421	541	653	773		1021	1153	1291
31	109	211	313	431	547	659	787	907	1031	1163	1297
37	113	223	317	433	557	661	797	911	1033	1171	1301
41	127	227	331	439	563	673		919	1039	1181	1303
43	131	229	337	443	569	677	809	929	1049	1187	1307
47	137	233	347	449	571	683	811	937	1051	1193	1319
53	139	239	349	457	577	691	821	941	1061	1201	1321
59	149	241	353	461	587		823	947	1063	1213	1327
61	151	251	359	463	593	701	827	953	1069	1217	1361
67	157	257	367	467	599	709	829	967	1087	1223	1367

Quadratzahlen, Quadratwurzeln, Kubikwurzeln, Reziproke der Zahlen 1, 2, ..., 100

n	n^2	$\sqrt{n}$	$\sqrt[3]{n}$	$\frac{1}{n}$	n	n^2	$\sqrt{n}$	$\sqrt[3]{n}$	$\frac{1}{n}$
1	1	1,000	1,000	1,0000	51	2601	7,141	3,708	0,0196
2	4	1,414	1,260	0,5000	52	2704	7,211	3,733	0,0192
3	9	1,732	1,442	0,3333	53	2809	7,280	3,756	0,0189
4	16	2,000	1,587	0,2500	54	2916	7,348	3,780	0,0185
5	25	2,236	1,710	0,2000	55	3025	7,416	3,803	0,0182
6	36	2,449	1,817	0,1667	56	3136	7,483	3,826	0,0179
7	49	2,646	1,913	0,1429	57	3249	7,550	3,849	0,0175
8	64	2,828	2,000	0,1250	58	3364	7,616	3,871	0,0172
9	81	3,000	2,080	0,1111	59	3481	7,681	3,893	0,0169
10	100	3,162	2,154	0,1000	**60**	3600	7,746	3,915	0,0167
11	121	3,317	2,224	0,0909	61	3721	7,810	3,936	0,0164
12	144	3,464	2,289	0,0833	62	3844	7,874	3,958	0,0161
13	169	3,606	2,351	0,0769	63	3969	7,937	3,979	0,0159
14	196	3,742	2,410	0,0714	64	4096	8,000	4,000	0,0156
15	225	3,873	2,466	0,0667	65	4225	8,062	4,021	0,0154
16	256	4,000	2,520	0,0625	66	4356	8,124	4,041	0,0152
17	289	4,123	2,571	0,0588	67	4489	8,185	4,062	0,0149
18	324	4,243	2,621	0,0556	68	4624	8,246	4,082	0,0147
19	361	4,359	2,668	0,0526	69	4761	8,307	4,102	0,0145
20	400	4,472	2,714	0,0500	**70**	4900	8,367	4,121	0,0143
21	441	4,583	2,759	0,0476	71	5041	8,426	4,141	0,0141
22	484	4,690	2,802	0,0455	72	5184	8,485	4,160	0,0139
23	529	4,796	2,844	0,0435	73	5329	8,544	4,179	0,0137
24	576	4,899	2,884	0,0417	74	5476	8,602	4,198	0,0135
25	625	5,000	2,924	0,0400	75	5625	8,660	4,217	0,0133
26	676	5,099	2,962	0,0385	76	5776	8,718	4,236	0,0132
27	729	5,196	3,000	0,0370	77	5929	8,775	4,254	0,0130
28	784	5,292	3,037	0,0357	78	6084	8,832	4,273	0,0128
29	841	5,385	3,072	0,0345	79	6241	8,888	4,291	0,0127
30	900	5,477	3,107	0,0333	**80**	6400	8,944	4,309	0,0125
31	961	5,568	3,141	0,0323	81	6561	9,000	4,327	0,0123
32	1024	5,657	3,175	0,0312	82	6724	9,055	4,344	0,0122
33	1089	5,745	3,208	0,0303	83	6889	9,110	4,362	0,0120
34	1156	5,831	3,240	0,0294	84	7056	9,165	4,380	0,0119
35	1225	5,916	3,271	0,0286	85	7225	9,220	4,397	0,0118
36	1296	6,000	3,302	0,0278	86	7396	9,274	4,414	0,0116
37	1369	6,083	3,332	0,0270	87	7569	9,327	4,431	0,0115
38	1444	6,164	3,362	0,0263	88	7744	9,381	4,448	0,0114
39	1521	6,245	3,391	0,0256	89	7921	9,434	4,465	0,0112
40	1600	6,325	3,420	0,0250	**90**	8100	9,487	4,481	0,0111
41	1681	6,403	3,448	0,0244	91	8281	9,539	4,498	0,0110
42	1764	6,481	3,476	0,0238	92	8464	9,592	4,514	0,0109
43	1849	6,557	3,503	0,0233	93	8649	9,644	4,531	0,0108
44	1936	6,633	3,530	0,0227	94	8836	9,695	4,547	0,0106
45	2025	6,708	3,557	0,0222	95	9025	9,747	4,563	0,0105
46	2116	6,782	3,583	0,0217	96	9216	9,798	4,579	0,0104
47	2209	6,856	3,609	0,0213	97	9409	9,849	4,595	0,0103
48	2304	6,928	3,634	0,0208	98	9604	9,899	4,610	0,0102
49	2401	7,000	3,659	0,0204	99	9801	9,950	4,626	0,0101
50	2500	7,071	3,684	0,0200	**100**	10000	10,000	4,642	0,0100

$y = x^2$ (1,00 … 5,49)

x	0	1	2	3	4	5	6	7	8	9
1,0	1,000	1,020	1,040	1,061	1,082	1,102	1,124	1,145	1,166	1,188
1,1	1,210	1,232	1,254	1,277	1,300	1,322	1,346	1,369	1,392	1,416
1,2	1,440	1,464	1,488	1,513	1,538	1,562	1,588	1,613	1,638	1,664
1,3	1,690	1,716	1,742	1,769	1,796	1,822	1,850	1,877	1,904	1,932
1,4	1,960	1,988	2,016	2,045	2,074	2,102	2,132	2,161	2,190	2,220
1,5	2,250	2,280	2,310	2,341	2,372	2,402	2,434	2,465	2,496	2,528
1,6	2,560	2,592	2,624	2,657	2,690	2,722	2,756	2,789	2,822	2,856
1,7	2,890	2,924	2,958	2,993	3,028	3,062	3,098	3,133	3,168	3,204
1,8	3,240	3,276	3,312	3,349	3,386	3,422	3,460	3,497	3,534	3,572
1,9	3,610	3,648	3,686	3,725	3,764	3,802	3,842	3,881	3,920	3,960
2,0	4,000	4,040	4,080	4,121	4,162	4,202	4,244	4,285	4,326	4,368
2,1	4,410	4,452	4,494	4,537	4,580	4,622	4,666	4,709	4,752	4,796
2,2	4,840	4,884	4,928	4,973	5,018	5,062	5,108	5,153	5,198	5,244
2,3	5,290	5,336	5,382	5,429	5,476	5,522	5,570	5,617	5,664	5,712
2,4	5,760	5,808	5,856	5,905	5,954	6,002	6,052	6,101	6,150	6,200
2,5	6,250	6,300	6,350	6,401	6,452	6,502	6,554	6,605	6,656	6,708
2,6	6,760	6,812	6,864	6,917	6,970	7,022	7,076	7,129	7,182	7,236
2,7	7,290	7,344	7,398	7,453	7,508	7,562	7,618	7,673	7,728	7,784
2,8	7,840	7,896	7,952	8,009	8,066	8,122	8,180	8,237	8,294	8,352
2,9	8,410	8,468	8,526	8,585	8,644	8,702	8,762	8,821	8,880	8,940
3,0	9,000	9,060	9,120	9,181	9,242	9,302	9,364	9,425	9,486	9,548
3,1	9,610	9,672	9,734	9,797	9,860	9,922	9,986	10,05	10,11	10,18
3,2	10,24	10,30	10,37	10,43	10,50	10,56	10,63	10,69	10,76	10,82
3,3	10,89	10,96	11,02	11,09	11,16	11,22	11,29	11,36	11,42	11,49
3,4	11,56	11,63	11,70	11,76	11,83	11,90	11,97	12,04	12,11	12,18
3,5	12,25	12,32	12,39	12,46	12,53	12,60	12,67	12,74	12,82	12,89
3,6	12,96	13,03	13,10	13,18	13,25	13,32	13,40	13,47	13,54	13,62
3,7	13,69	13,76	13,84	13,91	13,99	14,06	14,14	14,21	14,29	14,36
3,8	14,44	14,52	14,59	14,67	14,75	14,82	14,90	14,98	15,05	15,13
3,9	15,21	15,29	15,37	15,44	15,52	15,60	15,68	15,76	15,84	15,92
4,0	16,00	16,08	16,16	16,24	16,32	16,40	16,48	16,56	16,65	16,73
4,1	16,81	16,89	16,97	17,06	17,14	17,22	17,31	17,39	17,47	17,56
4,2	17,64	17,72	17,81	17,89	17,98	18,06	18,15	18,23	18,32	18,40
4,3	18,49	18,58	18,66	18,75	18,84	18,92	19,01	19,10	19,18	19,27
4,4	19,36	19,45	19,54	19,62	19,71	19,80	19,89	19,98	20,07	20,16
4,5	20,25	20,34	20,43	20,52	20,61	20,70	20,79	20,88	20,98	21,07
4,6	21,16	21,25	21,34	21,44	21,53	21,62	21,72	21,81	21,90	22,00
4,7	22,09	22,18	22,28	22,37	22,47	22,56	22,66	22,75	22,85	22,94
4,8	23,04	23,14	23,23	23,33	23,43	23,52	23,62	23,72	23,81	23,91
4,9	24,01	24,11	24,21	24,30	24,40	24,50	24,60	24,70	24,80	24,90
5,0	25,00	25,10	25,20	25,30	25,40	25,50	25,60	25,70	25,81	25,91
5,1	26,01	26,11	26,21	26,32	26,42	26,52	26,63	26,73	26,83	26,94
5,2	27,04	27,14	27,25	27,35	27,46	27,56	27,67	27,77	27,88	27,98
5,3	28,09	28,20	28,30	28,41	28,52	28,62	28,73	28,84	28,94	29,05
5,4	29,16	29,27	29,38	29,48	29,59	29,70	29,81	29,92	30,03	30,14

Rückt das Komma in x eine Stelle nach rechts (links), so rückt es in x^2 zwei Stellen nach rechts (links).

$y = x^2$ (5,50 … 9,99)

x	0	1	2	3	4	5	6	7	8	9
5,5	30,25	30,36	30,47	30,58	30,69	30,80	30,91	31,02	31,14	31,25
5,6	31,36	31,47	31,58	31,70	31,81	31,92	32,04	32,15	32,26	32,38
5,7	32,49	32,60	32,72	32,83	32,95	33,06	33,18	33,29	33,41	33,52
5,8	33,64	33,76	33,87	33,99	34,11	34,22	34,34	34,46	34,57	34,69
5,9	34,81	34,93	35,05	35,16	35,28	35,40	35,52	35,64	35,76	35,88
6,0	36,00	36,12	36,24	36,36	36,48	36,60	36,72	36,84	36,97	37,09
6,1	37,21	37,33	37,45	37,58	37,70	37,82	37,95	38,07	38,19	38,32
6,2	38,44	38,56	38,69	38,81	38,94	39,06	39,19	39,31	39,44	39,56
6,3	39,69	39,82	39,94	40,07	40,20	40,32	40,45	40,58	40,70	40,83
6,4	40,96	41,09	41,22	41,34	41,47	41,60	41,73	41,86	41,99	42,12
6,5	42,25	42,38	42,51	42,64	42,77	42,90	43,03	43,16	43,30	43,43
6,6	43,56	43,69	43,82	43,96	44,09	44,22	44,36	44,49	44,62	44,76
6,7	44,89	45,02	45,16	45,29	45,43	45,56	45,70	45,83	45,97	46,10
6,8	46,24	46,38	46,51	46,65	46,79	46,92	47,06	47,20	47,33	47,47
6,9	47,61	47,75	47,89	48,02	48,16	48,30	48,44	48,58	48,72	48,86
7,0	49,00	49,14	49,28	49,42	49,56	49,70	49,84	49,98	50,13	50,27
7,1	50,41	50,55	50,69	50,84	50,98	51,12	51,27	51,41	51,55	51,70
7,2	51,84	51,98	52,13	52,27	52,42	52,56	52,71	52,85	53,00	53,14
7,3	53,29	53,44	53,58	53,73	53,88	54,02	54,17	54,32	54,46	54,61
7,4	54,76	54,91	55,06	55,20	55,35	55,50	55,65	55,80	55,95	56,10
7,5	56,25	56,40	56,55	56,70	56,85	57,00	57,15	57,30	57,46	57,61
7,6	57,76	57,91	58,06	58,22	58,37	58,52	58,68	58,83	58,98	59,14
7,7	59,29	59,44	59,60	59,75	59,91	60,06	60,22	60,37	60,53	60,68
7,8	60,84	61,00	61,15	61,31	61,47	61,62	61,78	61,94	62,09	62,25
7,9	62,41	62,57	62,73	62,88	63,04	63,20	63,36	63,52	63,68	63,84
8,0	64,00	64,16	64,32	64,48	64,64	64,80	64,96	65,12	65,29	65,45
8,1	65,61	65,77	65,93	66,10	66,26	66,42	66,59	66,75	66,91	67,08
8,2	67,24	67,40	67,57	67,73	67,90	68,06	68,23	68,39	68,56	68,72
8,3	68,89	69,06	69,22	69,39	69,56	69,72	69,89	70,06	70,22	70,39
8,4	70,56	70,73	70,90	71,06	71,23	71,40	71,57	71,74	71,91	72,08
8,5	72,25	72,42	72,59	72,76	72,93	73,10	73,27	73,44	73,62	73,79
8,6	73,96	74,13	74,30	74,48	74,65	74,82	75,00	75,17	75,34	75,52
8,7	75,69	75,86	76,04	76,21	76,39	76,56	76,74	76,91	77,09	77,26
8,8	77,44	77,62	77,79	77,97	78,15	78,32	78,50	78,68	78,85	79,03
8,9	79,21	79,39	79,57	79,74	79,92	80,10	80,28	80,46	80,64	80,82
9,0	81,00	81,18	81,36	81,54	81,72	81,90	82,08	82,26	82,45	82,63
9,1	82,81	82,99	83,17	83,36	83,54	83,72	83,91	84,09	84,27	84,46
9,2	84,64	84,82	85,01	85,19	85,38	85,56	85,75	85,93	86,12	86,30
9,3	86,49	86,68	86,86	87,05	87,24	87,42	87,61	87,80	87,98	88,17
9,4	88,36	88,55	88,74	88,92	89,11	89,30	89,49	89,68	89,87	90,06
9,5	90,25	90,44	90,63	90,82	91,01	91,20	91,39	91,58	91,78	91,97
9,6	92,16	92,35	92,54	92,74	92,93	93,12	93,32	93,51	93,70	93,90
9,7	94,09	94,28	94,48	94,67	94,87	95,06	95,26	95,45	95,65	95,84
9,8	96,04	96,24	96,43	96,63	96,83	97,02	97,22	97,42	97,61	97,81
9,9	98,01	98,21	98,41	98,60	98,80	99,00	99,20	99,40	99,60	99,80

$8{,}47^2 = 71{,}74$ $\quad\sqrt{21{,}44} = 4{,}63$ $\quad\sqrt{2{,}144} \approx \sqrt{2{,}132} = 1{,}46$

$84{,}7^2 = 7174$ $\quad\sqrt{2144} = 46{,}3$ $\quad\sqrt{214{,}4} \approx \sqrt{213{,}2} = 14{,}6$

$0{,}847^2 = 0{,}7174$ $\quad\sqrt{0{,}2144} = 0{,}463$

$8{,}472^2 \approx 71{,}74$

10

$u = \pi d$ (1,00 ... 5,49) (Kreisumfang)

(d ist in dieser Tabelle eine Variable für den Zahlenwert des Durchmessers eines Kreises.)

d	0	1	2	3	4	5	6	7	8	9
1,0	3,142	3,173	3,204	3,236	3,267	3,299	3,330	3,362	3,393	3,424
1,1	3,456	3,487	3,519	3,550	3,581	3,613	3,644	3,676	3,707	3,738
1,2	3,770	3,801	3,833	3,864	3,895	3,927	3,958	3,990	4,021	4,053
1,3	4,084	4,115	4,147	4,178	4,210	4,241	4,273	4,304	4,335	4,367
1,4	4,398	4,430	4,461	4,492	4,524	4,555	4,587	4,618	4,650	4,681
1,5	4,712	4,744	4,775	4,807	4,838	4,869	4,901	4,932	4,964	4,995
1,6	5,027	5,058	5,089	5,121	5,152	5,184	5,215	5,246	5,278	5,309
1,7	5,341	5,372	5,404	5,435	5,466	5,498	5,529	5,561	5,592	5,624
1,8	5,655	5,686	5,718	5,749	5,781	5,812	5,843	5,875	5,906	5,938
1,9	5,969	6,000	6,032	6,063	6,095	6,126	6,158	6,189	6,220	6,252
2,0	6,283	6,315	6,346	6,377	6,409	6,440	6,472	6,503	6,535	6,566
2,1	6,597	6,629	6,660	6,692	6,723	6,754	6,786	6,817	6,849	6,880
2,2	6,912	6,943	6,974	7,006	7,037	7,069	7,100	7,131	7,163	7,194
2,3	7,226	7,257	7,288	7,320	7,351	7,383	7,414	7,446	7,477	7,508
2,4	7,540	7,571	7,603	7,634	7,665	7,697	7,728	7,760	7,791	7,823
2,5	7,854	7,885	7,917	7,948	7,980	8,011	8,042	8,074	8,105	8,137
2,6	8,168	8,200	8,231	8,262	8,294	8,325	8,357	8,388	8,419	8,451
2,7	8,482	8,514	8,545	8,577	8,608	8,639	8,671	8,702	8,734	8,765
2,8	8,796	8,828	8,859	8,891	8,922	8,954	8,985	9,016	9,048	9,079
2,9	9,111	9,142	9,173	9,205	9,236	9,268	9,299	9,331	9,362	9,393
3,0	9,425	9,456	9,488	9,519	9,550	9,582	9,613	9,645	9,676	9,708
3,1	9,739	9,770	9,802	9,833	9,865	9,896	9,927	9,959	9,990	10,02
3,2	10,05	10,09	10,12	10,15	10,18	10,21	10,24	10,27	10,30	10,34
3,3	10,37	10,40	10,43	10,46	10,49	10,52	10,56	10,59	10,62	10,65
3,4	10,68	10,71	10,74	10,78	10,81	10,84	10,87	10,90	10,93	10,96
3,5	11,00	11,03	11,06	11,09	11,12	11,15	11,18	11,22	11,25	11,28
3,6	11,31	11,34	11,37	11,40	11,44	11,47	11,50	11,53	11,56	11,59
3,7	11,62	11,66	11,69	11,72	11,75	11,78	11,81	11,84	11,88	11,91
3,8	11,94	11,97	12,00	12,03	12,06	12,10	12,13	12,16	12,19	12,22
3,9	12,25	12,28	12,32	12,35	12,38	12,41	12,44	12,47	12,50	12,53
4,0	12,57	12,60	12,63	12,66	12,69	12,72	12,75	12,79	12,82	12,85
4,1	12,88	12,91	12,94	12,97	13,01	13,04	13,07	13,10	13,13	13,16
4,2	13,19	13,23	13,26	13,29	13,32	13,35	13,38	13,41	13,45	13,48
4,3	13,51	13,54	13,57	13,60	13,63	13,67	13,70	13,73	13,76	13,79
4,4	13,82	13,85	13,89	13,92	13,95	13,98	14,01	14,04	14,07	14,11
4,5	14,14	14,17	14,20	14,23	14,26	14,29	14,33	14,36	14,39	14,42
4,6	14,45	14,48	14,51	14,55	14,58	14,61	14,64	14,67	14,70	14,73
4,7	14,77	14,80	14,83	14,86	14,89	14,92	14,95	14,99	15,02	15,05
4,8	15,08	15,11	15,14	15,17	15,21	15,24	15,27	15,30	15,33	15,36
4,9	15,39	15,43	15,46	15,49	15,52	15,55	15,58	15,61	15,65	15,68
5,0	15,71	15,74	15,77	15,80	15,83	15,87	15,90	15,93	15,96	15,99
5,1	16,02	16,05	16,08	16,12	16,15	16,18	16,21	16,24	16,27	16,30
5,2	16,34	16,37	16,40	16,43	16,46	16,49	16,52	16,56	16,59	16,62
5,3	16,65	16,68	16,71	16,74	16,78	16,81	16,84	16,87	16,90	16,93
5,4	16,96	17,00	17,03	17,06	17,09	17,12	17,15	17,18	17,22	17,25

Rückt das Komma in d
eine Stelle nach rechts (links),
so rückt es in πd ebenfalls
eine Stelle nach rechts (links).

$u = \pi d$ (5,50 … 9,99) (Kreisumfang)

(*d* ist in dieser Tabelle eine Variable für den Zahlenwert des Durchmessers eines Kreises.)

d	0	1	2	3	4	5	6	7	8	9
5,5	17,28	17,31	17,34	17,37	17,40	17,44	17,47	17,50	17,53	17,56
5,6	17,59	17,62	17,66	17,69	17,72	17,75	17,78	17,81	17,84	17,88
5,7	17,91	17,94	17,97	18,00	18,03	18,06	18,10	18,13	18,16	18,19
5,8	18,22	18,25	18,28	18,32	18,35	18,38	18,41	18,44	18,47	18,50
5,9	18,54	18,57	18,60	18,63	18,66	18,69	18,72	18,76	18,79	18,82
6,0	18,85	18,88	18,91	18,94	18,98	19,01	19,04	19,07	19,10	19,13
6,1	19,16	19,20	19,23	19,26	19,29	19,32	19,35	19,38	19,42	19,45
6,2	19,48	19,51	19,54	19,57	19,60	19,63	19,67	19,70	19,73	19,76
6,3	19,79	19,82	19,85	19,89	19,92	19,95	19,98	20,01	20,04	20,07
6,4	20,11	20,14	20,17	20,20	20,23	20,26	20,29	20,33	20,36	20,39
6,5	20,42	20,45	20,48	20,51	20,55	20,58	20,61	20,64	20,67	20,70
6,6	20,74	20,77	20,80	20,83	20,86	20,89	20,92	20,95	20,99	21,02
6,7	21,05	21,08	21,11	21,14	21,17	21,21	21,24	21,27	21,30	21,33
6,8	21,36	21,39	21,43	21,46	21,49	21,52	21,55	21,58	21,61	21,65
6,9	21,68	21,71	21,74	21,77	21,80	21,83	21,87	21,90	21,93	21,96
7,0	21,99	22,02	22,05	22,09	22,12	22,15	22,18	22,21	22,24	22,27
7,1	22,31	22,34	22,37	22,40	22,43	22,46	22,49	22,53	22,56	22,59
7,2	22,62	22,65	22,68	22,71	22,75	22,78	22,81	22,84	22,87	22,90
7,3	22,93	22,97	23,00	23,03	23,06	23,09	23,12	23,15	23,18	23,22
7,4	23,25	23,28	23,31	23,34	23,37	23,40	23,44	23,47	23,50	23,53
7,5	23,56	23,59	23,62	23,66	23,69	23,72	23,75	23,78	23,81	23,84
7,6	23,88	23,91	23,94	23,97	24,00	24,03	24,06	24,10	24,13	24,16
7,7	24,19	24,22	24,25	24,28	24,32	24,35	24,38	24,41	24,44	24,47
7,8	24,50	24,54	24,57	24,60	24,63	24,66	24,69	24,72	24,76	24,79
7,9	24,82	24,85	24,88	24,91	24,94	24,98	25,01	25,04	25,07	25,10
8,0	25,13	25,16	25,20	25,23	25,26	25,29	25,32	25,35	25,38	25,42
8,1	25,45	25,48	25,51	25,54	25,57	25,60	25,64	25,67	25,70	25,73
8,2	25,76	25,79	25,82	25,86	25,89	25,92	25,95	25,98	26,01	26,04
8,3	26,08	26,11	26,14	26,17	26,20	26,23	26,26	26,30	26,33	26,36
8,4	26,39	26,42	26,45	26,48	26,52	26,55	26,58	26,61	26,64	26,67
8,5	26,70	26,73	26,77	26,80	26,83	26,86	26,89	26,92	26,95	26,99
8,6	27,02	27,05	27,08	27,11	27,14	27,17	27,21	27,24	27,27	27,30
8,7	27,33	27,36	27,39	27,43	27,46	27,49	27,52	27,55	27,58	27,61
8,8	27,65	27,68	27,71	27,74	27,77	27,80	27,83	27,87	27,90	27,93
8,9	27,96	27,99	28,02	28,05	28,09	28,12	28,15	28,18	28,21	28,24
9,0	28,27	28,31	28,34	28,37	28,40	28,43	28,46	28,49	28,53	28,56
9,1	28,59	28,62	28,65	28,68	28,71	28,75	28,78	28,81	28,84	28,87
9,2	28,90	28,93	28,97	29,00	29,03	29,06	29,09	29,12	29,15	29,19
9,3	29,22	29,25	29,28	29,31	29,34	29,37	29,41	29,44	29,47	29,50
9,4	29,53	29,56	29,59	29,63	29,66	29,69	29,72	29,75	29,78	29,81
9,5	29,85	29,88	29,91	29,94	29,97	30,00	30,03	30,07	30,10	30,13
9,6	30,16	30,19	30,22	30,25	30,28	30,32	30,35	30,38	30,41	30,44
9,7	30,47	30,50	30,54	30,57	30,60	30,63	30,66	30,69	30,72	30,76
9,8	30,79	30,82	30,85	30,88	30,91	30,94	30,98	31,01	31,04	31,07
9,9	31,10	31,13	31,16	31,20	31,23	31,26	31,29	31,32	31,35	31,39

$d = 2{,}23$ $\quad$ $d = 22{,}3$ $\quad$ $\pi d = 16{,}28 \approx 16{,}27$

$\pi d = 7{,}006$ $\quad$ $\pi d = 70{,}06$ $\quad$ $d = 5{,}18$

$A = \frac{\pi}{4} d^2$ (1,00 ... 5,49) (Kreisflächeninhalt)

(*d* ist in dieser Tabelle eine Variable für den Zahlenwert des Durchmessers eines Kreises.)

d	0	1	2	3	4	5	6	7	8	9
1,0	0,7854	0,8012	0,8171	0,8332	0,8495̲	0,8659	0,8825̲	0,8992	0,9161	0,9331
1,1	0,9503	0,9677	0,9852	1,003	1,021	1,039	1,057	1,075̇	1,094	1,112
1,2	1,131	1,15̲0	1,169	1,188	1,208	1,227	1,247	1,267	1,287	1,307
1,3	1,327	1,348	1,368	1,389	1,410	1,431	1,453	1,474	1,496	1,517
1,4	1,539	1,561	1,584	1,606	1,629	1,651	1,674	1,697	1,720	1,744
1,5	1,767	1,791	1,815̲	1,839	1,863	1,887	1,911	1,936	1,961	1,986
1,6	2,011	2,036	2,061	2,087	2,112	2,138	2,164	2,190	2,217	2,243
1,7	2,270	2,297	2,324	2,351	2,378	2,405̇	2,433	2,461	2,488	2,516
1,8	2,545̲	2,573	2,602	2,630	2,659	2,688	2,717	2,746	2,776	2,806
1,9	2,835̇	2,865̇	2,895̇	2,926	2,956	2,986	3,017	3,048	3,079	3,110
2,0	3,142	3,173	3,205̲	3,237	3,269	3,301	3,333	3,365̇	3,398	3,431
2,1	3,464	3,497	3,530	3,563	3,597	3,631	3,664	3,698	3,733	3,767
2,2	3,801	3,836	3,871	3,906	3,941	3,976	4,011	4,047	4,083	4,119
2,3	4,155̲	4,191	4,227	4,264	4,301	4,337	4,374	4,412	4,449	4,486
2,4	4,524	4,562	4,600	4,638	4,676	4,714	4,753	4,792	4,831	4,870
2,5	4,909	4,948	4,988	5,027	5,067	5,107	5,147	5,187	5,228	5,269
2,6	5,309	5,35̇0	5,391	5,433	5,474	5,515̇	5,557	5,599	5,641	5,683
2,7	5,726	5,768	5,811	5,853	5,896	5,940	5,983	6,026	6,070	6,114
2,8	6,158	6,202	6,246	6,290	6,335̲	6,379	6,424	6,469	6,514	6,560
2,9	6,605̇	6,651	6,697	6,743	6,789	6,835̲	6,881	6,928	6,975̲	7,022
3,0	7,069	7,116	7,163	7,211	7,258	7,306	7,354	7,402	7,451	7,499
3,1	7,548	7,596	7,645̇	7,694	7,744	7,793	7,843	7,892	7,942	7,992
3,2	8,042	8,093	8,143	8,194	8,245̲	8,296	8,347	8,398	8,45̲0	8,501
3,3	8,553	8,605̲	8,657	8,709	8,762	8,814	8,867	8,920	8,973	9,026
3,4	9,079	9,133	9,186	9,240	9,294	9,348	9,402	9,457	9,511	9,566
3,5	9,621	9,676	9,731	9,787	9,842	9,898	9,954	10,01	10,07	10,12
3,6	10,18	10,24	10,29	10,35̲	10,41	10,46	10,52	10,58	10,64	10,69
3,7	10,75̇	10,81	10,87	10,93	10,99	11,04	11,10	11,16	11,22	11,28
3,8	11,34	11,40	11,46	11,52	11,58	11,64	11,70	11,76	11,82	11,88
3,9	11,95̲	12,01	12,07	12,13	12,19	12,25̇	12,32	12,38	12,44	12,5̇0
4,0	12,57	12,63	12,69	12,76	12,82	12,88	12,95̲	13,01	13,07	13,14
4,1	13,20	13,27	13,33	13,40	13,46	13,53	13,59	13,66	13,72	13,79
4,2	13,85̇	13,92	13,99	14,05̇	14,12	14,19	14,25̇	14,32	14,39	14,45̇
4,3	14,52	14,59	14,66	14,73	14,79	14,86	14,93	15̲,00	15,07	15,14
4,4	15,21	15,27	15,34	15,41	15,48	15,55̇	15,62	15,69	15,76	15,83
4,5	15,90	15,98	16,05̲	16,12	16,19	16,26	16,33	16,40	16,47	16,55̲
4,6	16,62	16,69	16,76	16,84	16,91	16,98	17,06	17,13	17,20	17,28
4,7	17,35̲	17,42	17,5̲0	17,57	17,65̲	17,72	17,80	17,87	17,95̲	18,02
4,8	18,10	18,17	18,25̲	18,32	18,40	18,47	18,55̇	18,63	18,70	18,78
4,9	18,86	18,93	19,01	19,09	19,17	19,24	19,32	19,40	19,48	19,56
5,0	19,63	19,71	19,79	19,87	19,95̇	20,03	20,11	20,19	20,27	20,35̲
5,1	20,43	20,51	20,59	20,67	20,75̲	20,83	20,91	20,99	21,07	21,16
5,2	21,24	21,32	21,40	21,48	21,57	21,65̲	21,73	21,81	21,90	21,98
5,3	22,06	22,15̲	22,23	22,31	22,40	22,48	22,56	22,65̲	22,73	22,82
5,4	22,90	22,99	23,07	23,16	23,24	23,33	23,41	23,5̲0	23,59	23,67

Rückt das Komma in *d* um eine Stelle nach rechts (links), so rückt es in $\frac{\pi}{4} d^2$ um zwei Stellen nach rechts (links).

$A = \frac{\pi}{4} d^2$ (5,50 ... 9,99) (Kreisflächeninhalt)

(*d* ist in dieser Tabelle eine Variable für den Zahlenwert des Durchmessers eines Kreises.)

d	0	1	2	3	4	5	6	7	8	9
5,5	23,76	23,84	23,93	24,02	24,11	24,19	24,28	24,37	24,45	24,54
5,6	24,63	24,72	24,81	24,89	24,98	25,07	25,16	25,25	25,34	25,43
5,7	25,52	25,61	25,70	25,79	25,88	25,97	26,06	26,15	26,24	26,33
5,8	26,42	26,51	26,60	26,69	26,79	26,88	26,97	27,06	27,15	27,25
5,9	27,34	27,43	27,53	27,62	27,71	27,81	27,90	27,99	28,09	28,18
6,0	28,27	28,37	28,46	28,56	28,65	28,75	28,84	28,94	29,03	29,13
6,1	29,22	29,32	29,42	29,51	29,61	29,71	29,80	29,90	30,00	30,09
6,2	30,19	30,29	30,39	30,48	30,58	30,68	30,78	30,88	30,97	31,07
6,3	31,17	31,27	31,37	31,47	31,57	31,67	31,77	31,87	31,97	32,07
6,4	32,17	32,27	32,37	32,47	32,57	32,67	32,78	32,88	32,98	33,08
6,5	33,18	33,29	33,39	33,49	33,59	33,70	33,80	33,90	34,00	34,11
6,6	34,21	34,32	34,42	34,52	34,63	34,73	34,84	34,94	35,05	35,15
6,7	35,26	35,36	35,47	35,57	35,68	35,78	35,89	36,00	36,10	36,21
6,8	36,32	36,42	36,53	36,64	36,75	36,85	36,96	37,07	37,18	37,28
6,9	37,39	37,50	37,61	37,72	37,83	37,94	38,05	38,16	38,26	38,37
7,0	38,48	38,59	38,70	38,82	38,93	39,04	39,15	39,26	39,37	39,48
7,1	39,59	39,70	39,82	39,93	40,04	40,15	40,26	40,38	40,49	40,60
7,2	40,72	40,83	40,94	41,06	41,17	41,28	41,40	41,51	41,62	41,74
7,3	41,85	41,97	42,08	42,20	42,31	42,43	42,54	42,66	42,78	42,89
7,4	43,01	43,12	43,24	43,36	43,47	43,59	43,71	43,83	43,94	44,06
7,5	44,18	44,30	44,41	44,53	44,65	44,77	44,89	45,01	45,13	45,25
7,6	45,36	45,48	45,60	45,72	45,84	45,96	46,08	46,20	46,32	46,45
7,7	46,57	46,69	46,81	46,93	47,05	47,17	47,29	47,42	47,54	47,66
7,8	47,78	47,91	48,03	48,15	48,27	48,40	48,52	48,65	48,77	48,89
7,9	49,02	49,14	49,27	49,39	49,51	49,64	49,76	49,89	50,01	50,14
8,0	50,27	50,39	50,52	50,64	50,77	50,90	51,02	51,15	51,28	51,40
8,1	51,53	51,66	51,78	51,91	52,04	52,17	52,30	52,42	52,55	52,68
8,2	52,81	52,94	53,07	53,20	53,33	53,46	53,59	53,72	53,85	53,98
8,3	54,11	54,24	54,37	54,50	54,63	54,76	54,89	55,02	55,15	55,29
8,4	55,42	55,55	55,68	55,81	55,95	56,08	56,21	56,35	56,48	56,61
8,5	56,75	56,88	57,01	57,15	57,28	57,41	57,55	57,68	57,82	57,95
8,6	58,09	58,22	58,36	58,49	58,63	58,77	58,90	59,04	59,17	59,31
8,7	59,45	59,58	59,72	59,86	59,99	60,13	60,27	60,41	60,55	60,68
8,8	60,82	60,96	61,10	61,24	61,38	61,51	61,65	61,79	61,93	62,07
8,9	62,21	62,35	62,49	62,63	62,77	62,91	63,05	63,19	63,33	63,48
9,0	63,62	63,76	63,90	64,04	64,18	64,33	64,47	64,61	64,75	64,90
9,1	65,04	65,18	65,33	65,47	65,61	65,76	65,90	66,04	66,19	66,33
9,2	66,48	66,62	66,77	66,91	67,06	67,20	67,35	67,49	67,64	67,78
9,3	67,93	68,08	68,22	68,37	68,51	68,66	68,81	68,96	69,10	69,25
9,4	69,40	69,55	69,69	69,84	69,99	70,14	70,29	70,44	70,58	70,73
9,5	70,88	71,03	71,18	71,33	71,48	71,63	71,78	71,93	72,08	72,23
9,6	72,38	72,53	72,68	72,84	72,99	73,14	73,29	73,44	73,59	73,75
9,7	73,90	74,05	74,20	74,36	74,51	74,66	74,82	74,97	75,12	75,28
9,8	75,43	75,58	75,74	75,89	76,05	76,20	76,36	76,51	76,67	76,82
9,9	76,98	77,13	77,29	77,44	77,60	77,76	77,91	78,07	78,23	78,38

$d = 3,32$

$\frac{\pi}{4} d^2 = 8,657$

$\frac{\pi}{4} d^2 = 37,70$

$d = 6,93$

$y = \frac{1}{x}$ (1,00 ... 5,49)

x	0	1	2	3	4	5	6	7	8	9
1,0	1,0000	*9901	*9804	*9709	*9615	*9524	*9434	*9346	*9259	*9174
1,1	0,9091	9009	8929	8850	8772	8696	8621	8547	8475	8403
1,2	8333	8264	8197	8130	8065	8000	7937	7874	7812	7752
1,3	7692	7634	7576	7519	7463	7407	7353	7299	7246	7194
1,4	7143	7092	7042	6993	6944	6897	6849	6803	6757	6711
1,5	6667	6623	6579	6536	6494	6452	6410	6369	6329	6289
1,6	6250	6211	6173	6135	6098	6061	6024	5988	5952	5917
1,7	5882	5848	5814	5780	5747	5714	5682	5650	5618	5587
1,8	5556	5525	5495	5464	5435	5405	5376	5348	5319	5291
1,9	5263	5236	5208	5181	5155	5128	5102	5076	5051	5025
2,0	0,5000	4975	4950	4926	4902	4878	4854	4831	4808	4785
2,1	4762	4739	4717	4695	4673	4651	4630	4608	4587	4566
2,2	4545	4525	4505	4484	4464	4444	4425	4405	4386	4367
2,3	4348	4329	4310	4292	4274	4255	4237	4219	4202	4184
2,4	4167	4149	4132	4115	4098	4082	4065	4049	4032	4016
2,5	4000	3984	3968	3953	3937	3922	3906	3891	3876	3861
2,6	3846	3831	3817	3802	3788	3774	3759	3745	3731	3717
2,7	3704	3690	3676	3663	3650	3636	3623	3610	3597	3584
2,8	3571	3559	3546	3534	3521	3509	3497	3484	3472	3460
2,9	3448	3436	3425	3413	3401	3390	3378	3367	3356	3344
3,0	0,3333	3322	3311	3300	3289	3279	3268	3257	3247	3236
3,1	3226	3215	3205	3195	3185	3175	3165	3155	3145	3135
3,2	3125	3115	3106	3096	3086	3077	3067	3058	3049	3040
3,3	3030	3021	3012	3003	2994	2985	2976	2967	2959	2950
3,4	2941	2933	2924	2915	2907	2899	2890	2882	2874	2865
3,5	2857	2849	2841	2833	2825	2817	2809	2801	2793	2786
3,6	2778	2770	2762	2755	2747	2740	2732	2725	2717	2710
3,7	2703	2695	2688	2681	2674	2667	2660	2653	2646	2639
3,8	2632	2625	2618	2611	2604	2597	2591	2584	2577	2571
3,9	2564	2558	2551	2545	2538	2532	2525	2519	2513	2506
4,0	0,2500	2494	2488	2481	2475	2469	2463	2457	2451	2445
4,1	2439	2433	2427	2421	2415	2410	2404	2398	2392	2387
4,2	2381	2375	2370	2364	2358	2353	2347	2342	2336	2331
4,3	2326	2320	2315	2309	2304	2299	2294	2288	2283	2278
4,4	2273	2268	2262	2257	2252	2247	2242	2237	2232	2227
4,5	2222	2217	2212	2208	2203	2198	2193	2188	2183	2179
4,6	2174	2169	2165	2160	2155	2151	2146	2141	2137	2132
4,7	2128	2123	2119	2114	2110	2105	2101	2096	2092	2088
4,8	2083	2079	2075	2070	2066	2062	2058	2053	2049	2045
4,9	2041	2037	2033	2028	2024	2020	2016	2012	2008	2004
5,0	0,2000	1996	1992	1988	1984	1980	1976	1972	1969	1965
5,1	1961	1957	1953	1949	1946	1942	1938	1934	1931	1927
5,2	1923	1919	1916	1912	1908	1905	1901	1898	1894	1890
5,3	1887	1883	1880	1876	1873	1869	1866	1862	1859	1855
5,4	1852	1848	1845	1842	1838	1835	1832	1828	1825	1821

Die reziproken Werte $\frac{1}{x}$ ergeben periodische Dezimalbrüche, sofern nicht x ausschließlich die Primfaktoren 2 oder 5 oder auch beide besitzt. Die Periode ist nicht gekennzeichnet. Die letzte Stelle des Dezimalbruches ist gerundet.

$y = \frac{1}{x}$ (5,50 … 10,09)

x	0	1	2	3	4	5	6	7	8	9
5,5	0,1818	1815̲	1812	1808	1805̇	1802	1799	1795̇	1792	1789
5,6	1786	1783	1779	1776	1773	1770	1767	1764	1761	1757
5,7	0,1754	1751	1748	1745̇	1742	1739	1736	1733	1730	1727
5,8	1724	1721	1718	1715̇	1712	1709	1706	1704	1701	1698
5,9	1695̲	1692	1689	1686	1684	1681	1678	1675̇	1672	1669
6,0	0,1667	1664	1661	1658	1656	1653	1650̇	1647	1645̲	1642
6,1	1639	1637	1634	1631	1629	1626	1623	1621	1618	1616
6,2	1613	1610	1608	1605̇	1603	1600	1597	1595̲	1592	1590
6,3	1587	1585̲	1582	1580	1577	1575̲	1572	1570	1567	1565̲
6,4	1562	1560	1558	1555̇	1553	1550̇	1548	1546	1543	1541
6,5	1538	1536	1534	1531	1529	1527	1524	1522	1520	1517
6,6	1515̇	1513	1511	1508	1506	1504	1502	1499	1497	1495̲
6,7	1493	1490	1488	1486	1484	1481	1479	1477	1475̲	1473
6,8	1471	1468	1466	1464	1462	1460	1458	1456	1453	1451
6,9	1449	1447	1445̇	1443	1441	1439	1437	1435̲	1433	1431
7,0	0,1429	1427	1425̲	1422	1420	1418	1416	1414	1412	1410
7,1	1408	1406	1404	1403	1401	1399	1397	1395̲	1393	1391
7,2	1389	1387	1385̇	1383	1381	1379	1377	1376	1374	1372
7,3	1370	1368	1366	1364	1362	1361	1359	1357	1355̇	1353
7,4	1351	1350̲	1348	1346	1344	1342	1340	1339	1337	1335̇
7,5	1333	1332	1330	1328	1326	1325̲	1323	1321	1319	1318
7,6	1316	1314	1312	1311	1309	1307	1305̇	1304	1302	1300
7,7	1299	1297	1295̇	1294	1292	1290	1289	1287	1285̇	1284
7,8	1282	1280	1279	1277	1276	1274	1272	1271	1269	1267
7,9	1266	1264	1263	1261	1259	1258	1256	1255̲	1253	1252
8,0	0,1250	1248	1247	1245̇	1244	1242	1241	1239	1238	1236
8,1	1235̲	1233	1232	1230	1229	1227	1225̇	1224	1222	1221
8,2	1220	1218	1217	1215̇	1214	1212	1211	1209	1208	1206
8,3	1205̲	1203	1202	1200	1199	1198	1196	1195̲	1193	1192
8,4	1190	1189	1188	1186	1185̲	1183	1182	1181	1179	1178
8,5	1176	1175̇	1174	1172	1171	1170	1168	1167	1166	1164
8,6	1163	1161	1160	1159	1157	1156	1155̲	1153	1152	1151
8,7	1149	1148	1147	1145̇	1144	1143	1142	1140	1139	1138
8,8	1136	1135̇	1134	1133	1131	1130	1129	1127	1126	1125̲
8,9	1124	1122	1121	1120	1119	1117	1116	1115̲	1114	1112
9,0	0,1111	1110	1109	1107	1106	1105̲	1104	1103	1101	1100
9,1	1099	1098	1096	1095̇	1094	1093	1092	1091	1089	1088
9,2	1087	1086	1085̲	1083	1082	1081	1080	1079	1078	1076
9,3	1075̇	1074	1073	1072	1071	1070	1068	1067	1066	1065̲
9,4	1064	1063	1062	1060	1059	1058	1057	1056	1055̲	1054
9,5	1053	1052	1050̇	1049	1048	1047	1046	1045̲	1044	1043
9,6	1042	1041	1040	1038	1037	1036	1035̇	1034	1033	1032
9,7	1031	1030	1029	1028	1027	1026	1025̲	1024	1022	1021
9,8	1020	1019	1018	1017	1016	1015̇	1014	1013	1012	1011
9,9	1010	1009	1008	1007	1006	1005̇	1004	1003	1002	1001
10,0	0,1000	0999	0998	0997	0996	0995̇	0994	0993	0992	0991

$$\frac{1}{356} = 0{,}002\,809$$

$$\frac{1000}{356} = 2{,}809$$

$y = x^3$ (1,00 … 5,49)

x	0	1	2	3	4	5	6	7	8	9
1,0	1,000	1,030	1,061	1,093	1,125	1,158	1,191	1,225	1,260	1,295
1,1	1,331	1,368	1,405	1,443	1,482	1,521	1,561	1,602	1,643	1,685
1,2	1,728	1,772	1,816	1,861	1,907	1,953	2,000	2,048	2,097	2,147
1,3	2,197	2,248	2,300	2,353	2,406	2,460	2,515	2,571	2,628	2,686
1,4	2,744	2,803	2,863	2,924	2,986	3,049	3,112	3,177	3,242	3,308
1,5	3,375	3,443	3,512	3,582	3,652	3,724	3,796	3,870	3,944	4,020
1,6	4,096	4,173	4,252	4,331	4,411	4,492	4,574	4,657	4,742	4,827
1,7	4,913	5,000	5,088	5,178	5,268	5,359	5,452	5,545	5,640	5,735
1,8	5,832	5,930	6,029	6,128	6,230	6,332	6,435	6,539	6,645	6,751
1,9	6,859	6,968	7,078	7,189	7,301	7,415	7,530	7,645	7,762	7,881
2,0	8,000	8,121	8,242	8,365	8,490	8,615	8,742	8,870	8,999	9,129
2,1	9,261	9,394	9,528	9,664	9,800	9,938	10,08	10,22	10,36	10,50
2,2	10,65	10,79	10,94	11,09	11,24	11,39	11,54	11,70	11,85	12,01
2,3	12,17	12,33	12,49	12,65	12,81	12,98	13,14	13,31	13,48	13,65
2,4	13,82	14,00	14,17	14,35	14,53	14,71	14,89	15,07	15,25	15,44
2,5	15,63	15,81	16,00	16,19	16,39	16,58	16,78	16,97	17,17	17,37
2,6	17,58	17,78	17,98	18,19	18,40	18,61	18,82	19,03	19,25	19,47
2,7	19,68	19,90	20,12	20,35	20,57	20,80	21,02	21,25	21,48	21,72
2,8	21,95	22,19	22,43	22,67	22,91	23,15	23,39	23,64	23,89	24,14
2,9	24,39	24,64	24,90	25,15	25,41	25,67	25,93	26,20	26,46	26,73
3,0	27,00	27,27	27,54	27,82	28,09	28,37	28,65	28,93	29,22	29,50
3,1	29,79	30,08	30,37	30,66	30,96	31,26	31,55	31,86	32,16	32,46
3,2	32,77	33,08	33,39	33,70	34,01	34,33	34,65	34,97	35,29	35,61
3,3	35,94	36,26	36,59	36,93	37,26	37,60	37,93	38,27	38,61	38,96
3,4	39,30	39,65	40,00	40,35	40,71	41,06	41,42	41,78	42,14	42,51
3,5	42,88	43,24	43,61	43,99	44,36	44,74	45,12	45,50	45,88	46,27
3,6	46,66	47,05	47,44	47,83	48,23	48,63	49,03	49,43	49,84	50,24
3,7	50,65	51,06	51,48	51,90	52,31	52,73	53,16	53,58	54,01	54,44
3,8	54,87	55,31	55,74	56,18	56,62	57,07	57,51	57,96	58,41	58,86
3,9	59,32	59,78	60,24	60,70	61,16	61,63	62,10	62,57	63,04	63,52
4,0	64,00	64,48	64,96	65,45	65,94	66,43	66,92	67,42	67,92	68,42
4,1	68,92	69,43	69,93	70,44	70,96	71,47	71,99	72,51	73,03	73,56
4,2	74,09	74,62	75,15	75,69	76,23	76,77	77,31	77,85	78,40	78,95
4,3	79,51	80,06	80,62	81,18	81,75	82,31	82,88	83,45	84,03	84,60
4,4	85,18	85,77	86,35	86,94	87,53	88,12	88,72	89,31	89,92	90,52
4,5	91,13	91,73	92,35	92,96	93,58	94,20	94,82	95,44	96,07	96,70
4,6	97,34	97,97	98,61	99,25	99,90	100,5	101,2	101,8	102,5	103,2
4,7	103,8	104,5	105,2	105,8	106,5	107,2	107,9	108,5	109,2	109,9
4,8	110,6	111,3	112,0	112,7	113,4	114,1	114,8	115,5	116,2	116,9
4,9	117,6	118,4	119,1	119,8	120,6	121,3	122,0	122,8	123,5	124,3
5,0	125,0	125,8	126,5	127,3	128,0	128,8	129,6	130,3	131,1	131,9
5,1	132,7	133,4	134,2	135,0	135,8	136,6	137,4	138,2	139,0	139,8
5,2	140,6	141,4	142,2	143,1	143,9	144,7	145,5	146,4	147,2	148,0
5,3	148,9	149,7	150,6	151,4	152,3	153,1	154,0	154,9	155,7	156,6
5,4	157,5	158,3	159,2	160,1	161,0	161,9	162,8	163,7	164,6	165,5

Rückt das Komma in x eine Stelle nach rechts (links), so rückt es in x^3 drei Stellen nach rechts (links).

$y = x^3$ (5,50 ... 9,99)

x	0	1	2	3	4	5	6	7	8	9
5,5	166,4	167,3	168,2	169,1	170,0	171,0	171,9	172,8	173,7	174,7
5,6	175,6	176,6	177,5	178,5	179,4	180,4	181,3	182,3	183,3	184,2
5,7	185,2	186,2	187,1	188,1	189,1	190,1	191,1	192,1	193,1	194,1
5,8	195,1	196,1	197,1	198,2	199,2	200,2	201,2	202,3	203,3	204,3
5,9	205,4	206,4	207,5	208,5	209,6	210,6	211,7	212,8	213,8	214,9
6,0	216,0	217,1	218,2	219,3	220,3	221,4	222,5	223,6	224,8	225,9
6,1	227,0	228,1	229,2	230,3	231,5	232,6	233,7	234,9	236,0	237,2
6,2	238,3	239,5	240,6	241,8	243,0	244,1	245,3	246,5	247,7	248,9
6,3	250,0	251,2	252,4	253,6	254,8	256,0	257,3	258,5	259,7	260,9
6,4	262,1	263,4	264,6	265,8	267,1	268,3	269,6	270,8	272,1	273,4
6,5	274,6	275,9	277,2	278,4	279,7	281,0	282,3	283,6	284,9	286,2
6,6	287,5	288,8	290,1	291,4	292,8	294,1	295,4	296,7	298,1	299,4
6,7	300,8	302,1	303,5	304,8	306,2	307,5	308,9	310,3	311,7	313,0
6,8	314,4	315,8	317,2	318,6	320,0	321,4	322,8	324,2	325,7	327,1
6,9	328,5	329,9	331,4	332,8	334,3	335,7	337,2	338,6	340,1	341,5
7,0	343,0	344,5	345,9	347,4	348,9	350,4	351,9	353,4	354,9	356,4
7,1	357,9	359,4	360,9	362,5	364,0	365,5	367,1	368,6	370,1	371,7
7,2	373,2	374,8	376,4	377,9	379,5	381,1	382,7	384,2	385,8	387,4
7,3	389,0	390,6	392,2	393,8	395,4	397,1	398,7	400,3	401,9	403,6
7,4	405,2	406,9	408,5	410,2	411,8	413,5	415,2	416,8	418,5	420,2
7,5	421,9	423,6	425,3	427,0	428,7	430,4	432,1	433,8	435,5	437,2
7,6	439,0	440,7	442,5	444,2	445,9	447,7	449,5	451,2	453,0	454,8
7,7	456,5	458,3	460,1	461,9	463,7	465,5	467,3	469,1	470,9	472,7
7,8	474,6	476,4	478,2	480,0	481,9	483,7	485,6	487,4	489,3	491,2
7,9	493,0	494,9	496,8	498,7	500,6	502,5	504,4	506,3	508,2	510,1
8,0	512,0	513,9	515,8	517,8	519,7	521,7	523,6	525,6	527,5	529,5
8,1	531,4	533,4	535,4	537,4	539,4	541,3	543,3	545,3	547,3	549,4
8,2	551,4	553,4	555,4	557,4	559,5	561,5	563,6	565,6	567,7	569,7
8,3	571,8	573,9	575,9	578,0	580,1	582,2	584,3	586,4	588,5	590,6
8,4	592,7	594,8	596,9	599,1	601,2	603,4	605,5	607,6	609,8	612,0
8,5	614,1	616,3	618,5	620,7	622,8	625,0	627,2	629,4	631,6	633,8
8,6	636,1	638,3	640,5	642,7	645,0	647,2	649,5	651,7	654,0	656,2
8,7	658,5	660,8	663,1	665,3	667,6	669,9	672,2	674,5	676,8	679,2
8,8	681,5	683,8	686,1	688,5	690,8	693,2	695,5	697,9	700,2	702,6
8,9	705,0	707,3	709,7	712,1	714,5	716,9	719,3	721,7	724,2	726,6
9,0	729,0	731,4	733,9	736,3	738,8	741,2	743,7	746,1	748,6	751,1
9,1	753,6	756,1	758,6	761,0	763,6	766,1	768,6	771,1	773,6	776,2
9,2	778,7	781,2	783,8	786,3	788,9	791,5	794,0	796,6	799,2	801,8
9,3	804,4	807,0	809,6	812,2	814,8	817,4	820,0	822,7	825,3	827,9
9,4	830,6	833,2	835,9	838,6	841,2	843,9	846,6	849,3	852,0	854,7
9,5	857,4	860,1	862,8	865,5	868,3	871,0	873,7	876,5	879,2	882,0
9,6	884,7	887,5	890,3	893,1	895,8	898,6	901,4	904,2	907,0	909,9
9,7	912,7	915,5	918,3	921,2	924,0	926,9	929,7	932,6	935,4	938,3
9,8	941,2	944,1	947,0	949,9	952,8	955,7	958,6	961,5	964,4	967,4
9,9	970,3	973,2	976,2	979,1	982,1	985,1	988,0	991,0	994,0	997,0

$8{,}47^3 = 607{,}6$

$84{,}7^3 = 607\,600$

$0{,}847^3 = 0{,}6076$

$\sqrt[3]{123{,}5} = 4{,}98$

$\sqrt[3]{123\,500} = 49{,}8$

$\sqrt[3]{0{,}1235} = 0{,}498$

Mantissen der dekadischen Logarithmen von 1-0-0 bis 4-9-9

Zahl	0	1	2	3	4	5	6	7	8	9
100	00 000	043	087	130	173	217	260	303	346	389
101	00 432	475	518	561	604	647	689	732	775̲	817
102	860	903	945	988	*030	*072	*115̲	*157	*199	*242
103	01 284	326	368	410	452	494	536	578	620	662
104	703	745	787	828	870	912	953	995̲	*036	*078
105	02 119	160	202	243	284	325	366	407	449	490
106	531	572	612	653	694	735̲	776	816	857	898
107	938	979	*019	*060	*100	*141	*181	*222	*262	*302
108	03 342	383	423	463	503	543	583	623	663	703
109	743	782	822	862	902	941	981	*021	*060	*100
10	0000	0043	0086	0128	0170	0212	0253	0294	0334	0374
11	0414	0453	0492	0531	0569	0607	0645̲	0682	0719	0755
12	0792	0828	0864	0899	0934	0969	1004	1038	1072	1106
13	1139	1173	1206	1239	1271	1303	1335	1367	1399	1430
14	1461	1492	1523	1553	1584	1614	1644	1673	1703	1732
15	1761	1790	1818	1847	1875	1903	1931	1959	1987	2014
16	2041	2068	2095	2122	2148	2175̲	2201	2227	2253	2279
17	2304	2330	2355	2380	2405	2430	2455	2480	2504	2529
18	2553	2577	2601	2625̲	2648	2672	2695	2718	2742	2765̲
19	2788	2810	2833	2856	2878	2900	2923	2945̲	2967	2989
20	3010	3032	3054	3075̲	3096	3118	3139	3160	3181	3201
21	3222	3243	3263	3284	3304	3324	3345̲	3365̲	3385̲	3404
22	3424	3444	3464	3483	3502	3522	3541	3560	3579	3598
23	3617	3636	3655̲	3674	3692	3711	3729	3747	3766	3784
24	3802	3820	3838	3856	3874	3892	3909	3927	3945̲	3962
25	3979	3997	4014	4031	4048	4065	4082	4099	4116	4133
26	415̲0	4166	4183	4200	4216	4232	4249	4265	4281	4298
27	4314	4330	4346	4362	4378	4393	4409	4425̲	4440	4456
28	4472	4487	4502	4518	4533	4548	4564	4579	4594	4609
29	4624	4639	4654	4669	4683	4698	4713	4728	4742	4757
30	4771	4786	4800	4814	4829	4843	4857	4871	4886	4900
31	4914	4928	4942	4955	4969	4983	4997	5011	5024	5038
32	5051	5065	5079	5092	5105	5119	5132	5145	5159	5172
33	5185	5198	5211	5224	5237	5250	5263	5276	5289	5302
34	5315̲	5328	5340	5353	5366	5378	5391	5403	5416	5428
35	5441	5453	5465	5478	5490	5502	5514	5527	5539	5551
36	5563	5575	5587	5599	5611	5623	5635̲	5647	5658	5670
37	5682	5694	5705	5717	5729	5740	5752	5763	5775̲	5786
38	5798	5809	5821	5832	5843	5855̲	5866	5877	5888	5899
39	5911	5922	5933	5944	5955̲	5966	5977	5988	5999	6010
40	6021	6031	6042	6053	6064	6075̲	6085	6096	6107	6117
41	6128	6138	6149	6160	6170	6180	6191	6201	6212	6222
42	6232	6243	6253	6263	6274	6284	6294	6304	6314	6325̲
43	6335̲	6345̲	6355̲	6365̲	6375̲	6385̲	6395̲	6405̲	6415̲	6425̲
44	6435̲	6444	6454	6464	6474	6484	6493	6503	6513	6522
45	6532	6542	6551	6561	6571	6580	6590	6599	6609	6618
46	6628	6637	6646	6656	6665	6675̲	6684	6693	6702	6712
47	6721	6730	6739	6749	6758	6767	6776	6785	6794	6803
48	6812	6821	6830	6839	6848	6857	6866	6875	6884	6893
49	6902	6911	6920	6928	6937	6946	6955̲	6964	6972	6981

$\lg 43 = 1{,}633\underline{5}$; $\lg 430 = 2{,}633\underline{5}$; $\lg 4332 \approx \lg 4330 = 3{,}636\underline{5}$

Mantissen der dekadischen Logarithmen von 5-0-0 bis 9-9-9

Zahl	0	1	2	3	4	5	6	7	8	9
50	6990	6998	7007	7016	7024	7033	7042	7050	7059	7067
51	7076	7084	7093	7101	7110	7118	7126	7135	7143	7152
52	7160	7168	7177	7185	7193	7202	7210	7218	7226	7235
53	7243	7251	7259	7267	7275	7284	7292	7300	7308	7316
54	7324	7332	7340	7348	7356	7364	7372	7380	7388	7396
55	7404	7412	7419	7427	7435	7443	7451	7459	7466	7474
56	7482	7490	7497	7505	7513	7520	7528	7536	7543	7551
57	7559	7566	7574	7582	7589	7597	7604	7612	7619	7627
58	7634	7642	7649	7657	7664	7672	7679	7686	7694	7701
59	7709	7716	7723	7731	7738	7745	7752	7760	7767	7774
60	7782	7789	7796	7803	7810	7818	7825	7832	7839	7846
61	7853	7860	7868	7875	7882	7889	7896	7903	7910	7917
62	7924	7931	7938	7945	7952	7959	7966	7973	7980	7987
63	7993	8000	8007	8014	8021	8028	8035	8041	8048	8055
64	8062	8069	8075	8082	8089	8096	8102	8109	8116	8122
65	8129	8136	8142	8149	8156	8162	8169	8176	8182	8189
66	8195	8202	8209	8215	8222	8228	8235	8241	8248	8254
67	8261	8267	8274	8280	8287	8293	8299	8306	8312	8319
68	8325	8331	8338	8344	8351	8357	8363	8370	8376	8382
69	8388	8395	8401	8407	8414	8420	8426	8432	8439	8445
70	8451	8457	8463	8470	8476	8482	8488	8494	8500	8506
71	8513	8519	8525	8531	8537	8543	8549	8555	8561	8567
72	8573	8579	8585	8591	8597	8603	8609	8615	8621	8627
73	8633	8639	8645	8651	8657	8663	8669	8675	8681	8686
74	8692	8698	8704	8710	8716	8722	8727	8733	8739	8745
75	8751	8756	8762	8768	8774	8779	8785	8791	8797	8802
76	8808	8814	8820	8825	8831	8837	8842	8848	8854	8859
77	8865	8871	8876	8882	8887	8893	8899	8904	8910	8915
78	8921	8927	8932	8938	8943	8949	8954	8960	8965	8971
79	8976	8982	8987	8993	8998	9004	9009	9015	9020	9025
80	9031	9036	9042	9047	9053	9058	9063	9069	9074	9079
81	9085	9090	9096	9101	9106	9112	9117	9122	9128	9133
82	9138	9143	9149	9154	9159	9165	9170	9175	9180	9186
83	9191	9196	9201	9206	9212	9217	9222	9227	9232	9238
84	9243	9248	9253	9258	9263	9269	9274	9279	9284	9289
85	9294	9299	9304	9309	9315	9320	9325	9330	9335	9340
86	9345	9350	9355	9360	9365	9370	9375	9380	9385	9390
87	9395	9400	9405	9410	9415	9420	9425	9430	9435	9440
88	9445	9450	9455	9460	9465	9469	9474	9479	9484	9489
89	9494	9499	9504	9509	9513	9518	9523	9528	9533	9538
90	9542	9547	9552	9557	9562	9566	9571	9576	9581	9586
91	9590	9595	9600	9605	9609	9614	9619	9624	9628	9633
92	9638	9643	9647	9652	9657	9661	9666	9671	9675	9680
93	9685	9689	9694	9699	9703	9708	9713	9717	9722	9727
94	9731	9736	9741	9745	9750	9754	9759	9763	9768	9773
95	9777	9782	9786	9791	9795	9800	9805	9809	9814	9818
96	9823	9827	9832	9836	9841	9845	9850	9854	9859	9863
97	9868	9872	9877	9881	9886	9890	9894	9899	9903	9908
98	9912	9917	9921	9926	9930	9934	9939	9943	9948	9952
99	9956	9961	9965	9969	9974	9978	9983	9987	9991	9996

$\lg 0{,}726 = 0{,}8609 - 1$; $\lg x = 0{,}9431$; $x = 8{,}77$

y = ln x (1 … 499)

	0	1	2	3	4	5	6	7	8	9
0	—	0,0000	0,6931	1,0986	1,3863	1,6094	1,7918	1,9459	2,0794	2,1972
1	2,3026	3979	4849	5649	6391	7081	7726	8332	8904	9444
2	2,9957	*0445	*0910	*1355	*1781	*2189	*2581	*2958	*3322	*3673
3	3,4012	4340	4657	4965	5264	5553	5835	6109	6376	6636
4	3,6889	7136	7377	7612	7842	8067	8286	8501	8712	8918
5	3,9120	9318	9512	9703	9890	*0073	*0254	*0431	*0604	*0775
6	4,0943	1109	1271	1431	1589	1744	1897	2047	2195	2341
7	4,2485	2627	2767	2905	3041	3175	3307	3438	3567	3694
8	3820	3944	4067	4188	4308	4427	4543	4659	4773	4886
9	4998	5109	5218	5326	5433	5539	5643	5747	5850	5951
10	4,6052	6151	6250	6347	6444	6540	6634	6728	6821	6913
11	4,7005	7095	7185	7274	7362	7449	7536	7622	7707	7791
12	7875	7958	8040	8122	8203	8283	8363	8442	8520	8598
13	8675	8752	8828	8903	8978	9053	9127	9200	9273	9345
14	4,9416	9488	9558	9628	9698	9767	9836	9904	9972	*0039
15	5,0106	0173	0239	0304	0370	0434	0499	0562	0626	0689
16	0752	0814	0876	0938	0999	1059	1120	1180	1240	1299
17	5,1358	1417	1475	1533	1591	1648	1705	1761	1818	1874
18	1930	1985	2040	2095	2149	2204	2257	2311	2364	2417
19	2470	2523	2575	2627	2679	2730	2781	2832	2883	2933
20	5,2983	3033	3083	3132	3181	3230	3279	3327	3375	3423
21	5,3471	3519	3566	3613	3660	3706	3753	3799	3845	3891
22	3936	3982	4027	4072	4116	4161	4205	4250	4293	4337
23	4381	4424	4467	4510	4553	4596	4638	4681	4723	4765
24	5,4806	4848	4889	4931	4972	5013	5053	5094	5134	5175
25	5215	5255	5294	5334	5373	5413	5452	5491	5530	5568
26	5607	5645	5683	5722	5759	5797	5835	5872	5910	5947
27	5,5984	6021	6058	6095	6131	6168	6204	6240	6276	6312
28	6348	6384	6419	6454	6490	6525	6560	6595	6630	6664
29	6699	6733	6768	6802	6836	6870	6904	6937	6971	7004
30	5,7038	7071	7104	7137	7170	7203	7236	7268	7301	7333
31	5,7366	7398	7430	7462	7494	7526	7557	7589	7621	7652
32	7683	7714	7746	7777	7807	7838	7869	7900	7930	7961
33	7991	8021	8051	8081	8111	8141	8171	8201	8230	8260
34	5,8289	8319	8348	8377	8406	8435	8464	8493	8522	8551
35	8579	8608	8636	8665	8693	8721	8749	8777	8805	8833
36	8861	8889	8916	8944	8972	8999	9026	9054	9081	9108
37	5,9135	9162	9189	9216	9243	9269	9296	9322	9349	9375
38	9402	9428	9454	9480	9506	9532	9558	9584	9610	9636
39	9661	9687	9713	9738	9764	9789	9814	9839	9865	9890
40	5,9915	9940	9965	9989	*0014	*0039	*0064	*0088	*0113	*0137
41	6,0162	0186	0210	0234	0259	0283	0307	0331	0355	0379
42	0403	0426	0450	0474	0497	0521	0544	0568	0591	0615
43	0638	0661	0684	0707	0730	0753	0776	0799	0822	0845
44	6,0868	0890	0913	0936	0958	0981	1003	1026	1048	1070
45	1092	1115	1137	1159	1181	1203	1225	1247	1269	1291
46	1312	1334	1356	1377	1399	1420	1442	1463	1485	1506
47	6,1527	1549	1570	1591	1612	1633	1654	1675	1696	1717
48	1738	1759	1779	1800	1821	1841	1862	1883	1903	1924
49	1944	1964	1985	2005	2025	2046	2066	2086	2106	2126

ln 6 = **1,7918**; ln 60 = 4,0943; ln 0,6 = ln (6 : 10) = ln 6 — ln 10 = 1,7918 — 2,3026 = — 0,5108

y = ln x (500 … 1009)

	0	1	2	3	4	5	6	7	8	9
50	6,2146	2166	2186	2206	2226	2246	2265	2285	2305	2324
51	6,2344	2364	2383	2403	2422	2442	2461	2480	2500	2519
52	2538	2558	2577	2596	2615	2634	2653	2672	2691	2710
53	2729	2748	2766	2785	2804	2823	2841	2860	2879	2897
54	6,2916	2934	2953	2971	2989	3008	3026	3044	3063	3081
55	3099	3117	3135	3154	3172	3190	3208	3226	3244	3261
56	3279	3297	3315	3333	3351	3368	3386	3404	3421	3439
57	6,3456	3474	3491	3509	3526	3544	3561	3578	3596	3613
58	3630	3648	3665	3682	3699	3716	3733	3750	3767	3784
59	3801	3818	3835	3852	3869	3886	3902	3919	3936	3953
60	6,3969	3986	4003	4019	4036	4052	4069	4085	4102	4118
61	6,4135	4151	4167	4184	4200	4216	4232	4249	4265	4281
62	4297	4313	4329	4345	4362	4378	4394	4409	4425	4441
63	4457	4473	4489	4505	4520	4536	4552	4568	4583	4599
64	6,4615	4630	4646	4661	4677	4693	4708	4723	4739	4754
65	4770	4785	4800	4816	4831	4846	4862	4877	4892	4907
66	4922	4938	4953	4968	4983	4998	5013	5028	5043	5058
67	6,5073	5088	5103	5117	5132	5147	5162	5177	5191	5206
68	5221	5236	5250	5265	5280	5294	5309	5323	5338	5352
69	5367	5381	5396	5410	5425	5439	5453	5468	5482	5497
70	6,5511	5525	5539	5554	5568	5582	5596	5610	5624	5639
71	6,5653	5667	5681	5695	5709	5723	5737	5751	5765	5779
72	5793	5806	5820	5834	5848	5862	5876	5889	5903	5917
73	5930	5944	5958	5971	5985	5999	6012	6026	6039	6053
74	6,6067	6080	6093	6107	6120	6134	6147	6161	6174	6187
75	6201	6214	6227	6241	6254	6267	6280	6294	6307	6320
76	6333	6346	6359	6373	6386	6399	6412	6425	6438	6451
77	6,6464	6477	6490	6503	6516	6529	6542	6554	6567	6580
78	6593	6606	6619	6631	6644	6657	6670	6682	6695	6708
79	6720	6733	6746	6758	6771	6783	6796	6809	6821	6834
80	6,6846	6859	6871	6884	6896	6908	6921	6933	6946	6958
81	6,6970	6983	6995	7007	7020	7032	7044	7056	7069	7081
82	7093	7105	7117	7130	7142	7154	7166	7178	7190	7202
83	7214	7226	7238	7250	7262	7274	7286	7298	7310	7322
84	6,7334	7346	7358	7370	7382	7393	7405	7417	7429	7441
85	7452	7464	7476	7488	7499	7511	7523	7534	7546	7558
86	7569	7581	7593	7604	7616	7627	7639	7650	7662	7673
87	6,7685	7696	7708	7719	7731	7742	7754	7765	7776	7788
88	7799	7811	7822	7833	7845	7856	7867	7878	7890	7901
89	7912	7923	7935	7946	7957	7968	7979	7991	8002	8013
90	6,8024	8035	8046	8057	8068	8079	8090	8101	8112	8123
91	6,8134	8145	8156	8167	8178	8189	8200	8211	8222	8233
92	8244	8255	8265	8276	8287	8298	8309	8320	8330	8341
93	8352	8363	8373	8384	8395	8405	8416	8427	8437	8448
94	6,8459	8469	8480	8491	8501	8512	8522	8533	8544	8554
95	8565	8575	8586	8596	8607	8617	8628	8638	8648	8659
96	8669	8680	8690	8701	8711	8721	8732	8742	8752	8763
97	6,8773	8783	8794	8804	8814	8824	8835	8845	8855	8865
98	8876	8886	8896	8906	8916	8926	8937	8947	8957	8967
99	8977	8987	8997	9007	9017	9027	9037	9048	9058	9068
100	6,9078	9088	9098	9108	9117	9127	9137	9147	9157	9167

ln 6000 = ln (600 · 10) = ln 600 + ln 10 = 6,3969 + 2,3026 = 8,6995

$y = e^x$; $y = e^{-x}$ (0,00 … 1,39)

x	e^x	e^{-x}	x	e^x	e^{-x}	x	e^x	e^{-x}
0,00	1,0000	1,0000	**0,50**	1,6487	0,6065	**1,00**	2,7183	0,3679
0,01	1,0101	0,9900	0,51	1,6653	0,6005	1,01	2,7456	0,3642
0,02	1,0202	0,9802	0,52	1,6820	0,5945	1,02	2,7732	0,3606
0,03	1,0305	0,9704	0,53	1,6989	0,5886	1,03	2,8011	0,3570
0,04	1,0408	0,9608	0,54	1,7160	0,5827	1,04	2,8292	0,3535
0,05	1,0513	0,9512	0,55	1,7333	0,5769	1,05	2,8577	0,3499
0,06	1,0618	0,9418	0,56	1,7507	0,5712	1,06	2,8864	0,3465
0,07	1,0725	0,9324	0,57	1,7683	0,5655	1,07	2,9154	0,3430
0,08	1,0833	0,9231	0,58	1,7860	0,5599	1,08	2,9447	0,3396
0,09	1,0942	0,9139	0,59	1,8040	0,5543	1,09	2,9743	0,3362
0,10	1,1052	0,9048	**0,60**	1,8221	0,5488	**1,10**	3,0042	0,3329
0,11	1,1163	0,8958	0,61	1,8404	0,5434	1,11	3,0344	0,3296
0,12	1,1275	0,8869	0,62	1,8589	0,5379	1,12	3,0649	0,3263
0,13	1,1388	0,8781	0,63	1,8776	0,5326	1,13	3,0957	0,3230
0,14	1,1503	0,8694	0,64	1,8965	0,5273	1,14	3,1268	0,3198
0,15	1,1618	0,8607	0,65	1,9155	0,5220	1,15	3,1582	0,3166
0,16	1,1735	0,8521	0,66	1,9348	0,5169	1,16	3,1899	0,3135
0,17	1,1853	0,8437	0,67	1,9542	0,5117	1,17	3,2220	0,3104
0,18	1,1972	0,8353	0,68	1,9739	0,5066	1,18	3,2544	0,3073
0,19	1,2092	0,8270	0,69	1,9937	0,5016	1,19	3,2871	0,3042
0,20	1,2214	0,8187	**0,70**	2,0138	0,4966	**1,20**	3,3201	0,3012
0,21	1,2337	0,8106	0,71	2,0340	0,4916	1,21	3,3535	0,2982
0,22	1,2461	0,8025	0,72	2,0544	0,4868	1,22	3,3872	0,2952
0,23	1,2586	0,7945	0,73	2,0751	0,4819	1,23	3,4212	0,2923
0,24	1,2712	0,7866	0,74	2,0959	0,4771	1,24	3,4556	0,2894
0,25	1,2840	0,7788	0,75	2,1170	0,4724	1,25	3,4903	0,2865
0,26	1,2969	0,7711	0,76	2,1383	0,4677	1,26	3,5254	0,2837
0,27	1,3100	0,7634	0,77	2,1598	0,4630	1,27	3,5609	0,2808
0,28	1,3231	0,7558	0,78	2,1815	0,4584	1,28	3,5966	0,2780
0,29	1,3364	0,7483	0,79	2,2034	0,4538	1,29	3,6328	0,2753
0,30	1,3499	0,7408	**0,80**	2,2255	0,4493	**1,30**	3,6693	0,2725
0,31	1,3634	0,7334	0,81	2,2479	0,4449	1,31	3,7062	0,2698
0,32	1,3771	0,7261	0,82	2,2705	0,4404	1,32	3,7434	0,2671
0,33	1,3910	0,7189	0,83	2,2933	0,4360	1,33	3,7810	0,2645
0,34	1,4049	0,7118	0,84	2,3164	0,4317	1,34	3,8190	0,2618
0,35	1,4191	0,7047	0,85	2,3396	0,4274	1,35	3,8574	0,2592
0,36	1,4333	0,6977	0,86	2,3632	0,4232	1,36	3,8962	0,2567
0,37	1,4477	0,6907	0,87	2,3869	0,4190	1,37	3,9354	0,2541
0,38	1,4623	0,6839	0,88	2,4109	0,4148	1,38	3,9749	0,2516
0,39	1,4770	0,6771	0,89	2,4351	0,4107	1,39	4,0149	0,2491
0,40	1,4918	0,6703	**0,90**	2,4596	0,4066			
0,41	1,5068	0,6637	0,91	2,4843	0,4025			
0,42	1,5220	0,6570	0,92	2,5093	0,3985			
0,43	1,5373	0,6505	0,93	2,5345	0,3946			
0,44	1,5527	0,6440	0,94	2,5600	0,3906			
0,45	1,5683	0,6376	0,95	2,5857	0,3867			
0,46	1,5841	0,6313	0,96	2,6117	0,3829			
0,47	1,6000	0,6250	0,97	2,6379	0,3791			
0,48	1,6161	0,6188	0,98	2,6645	0,3753			
0,49	1,6323	0,6126	0,99	2,6912	0,3716			

$$e^{1,84} = e^{1,00+0,84} = e^{1,00} \cdot e^{0,84} = 2,7183 \cdot 2,3164 \approx 6,297$$

Wegen $a^x = e^{x \cdot \ln a}$ gilt zum Beispiel:

$$2^{1,2} = e^{1,2 \cdot \ln 2} = e^{1,2 \cdot 0,6931} \approx e^{0,83} \approx 2,29$$

$$\left(1+\frac{1}{n}\right)^n < e < \left(1+\frac{1}{n}\right)^{n+1}; \quad 2,718\,281\,828\,45 < e < 2,718\,281\,828\,46$$

$y = e^x$; $y = e^{-x}$ (1,40 … 9,4)

x	e^x	e^{-x}	x	e^x	e^{-x}	x	e^x	e^{-x}
1,40	4,0552	0,2466	**3,5**	33,115	0,0302	**6,5**	665,14	0,0015
1,41	4,0960	0,2441	3,6	36,598	0,0273	6,6	735,10	0,0014
1,42	4,1371	0,2417	3,7	40,447	0,0247	6,7	812,41	0,0012
1,43	4,1787	0,2393	3,8	44,701	0,0224	6,8	897,85	0,0011
1,44	4,2207	0,2369	3,9	49,402	0,0202	6,9	992,27	0,0010
1,45	4,2631	0,2346	**4,0**	54,598	0,0183	**7,0**	1096,6	0,0009
1,46	4,3060	0,2322	4,1	60,340	0,0166	7,1	1212,0	0,0008
1,47	4,3492	0,2299	4,2	66,686	0,0150	7,2	1339,4	0,0007
1,48	4,3929	0,2276	4,3	73,700	0,0136	7,3	1480,3	0,0007
1,49	4,4371	0,2254	4,4	81,451	0,0123	7,4	1636,0	0,0006
1,50	4,4817	0,2231	**4,5**	90,017	0,0111	**7,5**	1808,0	0,0006
1,6	4,9530	0,2019	4,6	99,484	0,0101	7,6	1998,2	0,0005
1,7	5,4739	0,1827	4,7	109,95	0,0091	7,7	2208,3	0,0005
1,8	6,0496	0,1653	4,8	121,51	0,0082	7,8	2440,6	0,0004
1,9	6,6859	0,1496	4,9	134,29	0,0074	7,9	2697,3	0,0004
2,0	7,3891	0,1353	**5,0**	148,41	0,0067	**8,0**	2981,0	0,0003
2,1	8,1662	0,1225	5,1	164,02	0,0061	8,1	3294,5	0,0003
2,2	9,0250	0,1108	5,2	181,27	0,0055	8,2	3641,0	0,0003
2,3	9,9742	0,1003	5,3	200,34	0,0050	8,3	4023,9	0,0002
2,4	11,023	0,0907	5,4	221,41	0,0045	8,4	4447,1	0,0002
2,5	12,182	0,0821	**5,5**	244,69	0,0041	**8,5**	4914,8	0,0002
2,6	13,464	0,0743	5,6	270,43	0,0037	8,6	5431,7	0,0002
2,7	14,880	0,0672	5,7	298,87	0,0033	8,7	6002,9	0,0002
2,8	16,445	0,0608	5,8	330,30	0,0030	8,8	6634,2	0,0002
2,9	18,174	0,0550	5,9	365,04	0,0027	8,9	7332,0	0,0001
3,0	20,086	0,0498	**6,0**	403,43	0,0025	**9,0**	8103,1	0,0001
3,1	22,198	0,0450	6,1	445,86	0,0022	9,1	8955,3	0,0001
3,2	24,533	0,0408	6,2	492,75	0,0020	9,2	9897,1	0,0001
3,3	27,113	0,0369	6,3	544,57	0,0018	9,3	10938	0,0001
3,4	29,964	0,0334	6,4	601,85	0,0017	9,4	12088	0,0001

$y = 2^x$; $y = 3^x$; $y = 10^x$

x	2^x	3^x	10^x	x	2^x	3^x	10^x	x	2^x	3^x	10^x
—2,0	0,250	0,111	0,010	**1,0**	2,000	3,000	10,00	**4,0**	16,00	81,00	10000
—1,8	0,287	0,138	0,016	1,2	2,297	3,737	15,85	4,2	18,38	100,9	15849
—1,6	0,330	0,172	0,025	1,4	2,639	4,656	25,12	4,4	21,11	125,7	25119
—1,4	0,379	0,215	0,040	1,6	3,031	5,800	39,81	4,6	24,25	156,6	39811
—1,2	0,435	0,268	0,063	1,8	3,482	7,225	63,10	4,8	27,86	195,1	63096
—1,0	0,500	0,333	0,100	**2,0**	4,000	9,000	100,0	**5,0**	32,00	243,0	100000
—0,8	0,574	0,415	0,158	2,2	4,595	11,21	158,5	5,2	36,76	302,7	158489
—0,6	0,660	0,517	0,251	2,4	5,278	13,97	251,2	5,4	42,22	377,1	251189
—0,4	0,758	0,644	0,398	2,6	6,063	17,40	398,1	5,6	48,50	469,8	398107
—0,2	0,870	0,803	0,631	2,8	6,964	21,67	631,0	5,8	55,72	585,2	630957
0	1,000	1,000	1,000	**3,0**	8,000	27,00	1000	**6,0**	64,00	729,0	1000000
0,2	1,149	1,246	1,585	3,2	9,190	33,63	1585	6,2	73,52	908,1	1584893
0,4	1,320	1,552	2,512	3,4	10,56	41,90	2512	6,4	84,45	1131	2511886
0,6	1,516	1,933	3,981	3,6	12,13	52,20	3981	6,6	97,01	1409	3981072
0,8	1,741	2,408	6,310	3,8	13,93	65,02	6310	6,8	111,4	1756	6309573

y = sin x und y = cos x

sin 0° … sin 45°

Grad	,0	,1	,2	,3	,4	,5	,6	,7	,8	,9	(1,0)	
0	0	0,00175	00349	00524	00698	00873	0105	0122	0140	0157	0175	89
1	0,0175	0192	0209	0227	0244	0262	0279	0297	0314	0332	0349	88
2	0349	0366	0384	0401	0419	0436	0454	0471	0488	0506	0523	87
3	0523	0541	0558	0576	0593	0610	0628	0645	0663	0680	0698	86
4	0,0698	0715	0732	0750	0767	0785	0802	0819	0837	0854	0872	85
5	0872	0889	0906	0924	0941	0958	0976	0993	1011	1028	1045	84
6	1045	1063	1080	1097	1115	1132	1149	1167	1184	1201	1219	83
7	0,1219	1236	1253	1271	1288	1305	1323	1340	1357	1374	1392	82
8	1392	1409	1426	1444	1461	1478	1495	1513	1530	1547	1564	81
9	1564	1582	1599	1616	1633	1650	1668	1685	1702	1719	1736	**80**
10	0,1736	1754	1771	1788	1805	1822	1840	1857	1874	1891	1908	79
11	0,1908	1925	1942	1959	1977	1994	2011	2028	2045	2062	2079	78
12	2079	2096	2113	2130	2147	2164	2181	2198	2215	2233	2250	77
13	2250	2267	2284	2300	2317	2334	2351	2368	2385	2402	2419	76
14	0,2419	2436	2453	2470	2487	2504	2521	2538	2554	2571	2588	75
15	2588	2605	2622	2639	2656	2672	2689	2706	2723	2740	2756	74
16	2756	2773	2790	2807	2823	2840	2857	2874	2890	2907	2924	73
17	0,2924	2940	2957	2974	2990	3007	3024	3040	3057	3074	3090	72
18	3090	3107	3123	3140	3156	3173	3190	3206	3223	3239	3256	71
19	3256	3272	3289	3305	3322	3338	3355	3371	3387	3404	3420	**70**
20	0,3420	3437	3453	3469	3486	3502	3518	3535	3551	3567	3584	69
21	0,3584	3600	3616	3633	3649	3665	3681	3697	3714	3730	3746	68
22	3746	3762	3778	3795	3811	3827	3843	3859	3875	3891	3907	67
23	3907	3923	3939	3955	3971	3987	4003	4019	4035	4051	4067	66
24	0,4067	4083	4099	4115	4131	4147	4163	4179	4195	4210	4226	65
25	4226	4242	4258	4274	4289	4305	4321	4337	4352	4368	4384	64
26	4384	4399	4415	4431	4446	4462	4478	4493	4509	4524	4540	63
27	0,4540	4555	4571	4586	4602	4617	4633	4648	4664	4679	4695	62
28	4695	4710	4726	4741	4756	4772	4787	4802	4818	4833	4848	61
29	4848	4863	4879	4894	4909	4924	4939	4955	4970	4985	5000	**60**
30	0,5000	5015	5030	5045	5060	5075	5090	5105	5120	5135	5150	59
31	0,5150	5165	5180	5195	5210	5225	5240	5255	5270	5284	5299	58
32	5299	5314	5329	5344	5358	5373	5388	5402	5417	5432	5446	57
33	5446	5461	5476	5490	5505	5519	5534	5548	5563	5577	5592	56
34	0,5592	5606	5621	5635	5650	5664	5678	5693	5707	5721	5736	55
35	5736	5750	5764	5779	5793	5807	5821	5835	5850	5864	5878	54
36	5878	5892	5906	5920	5934	5948	5962	5976	5990	6004	6018	53
37	0,6018	6032	6046	6060	6074	6088	6101	6115	6129	6143	6157	52
38	6157	6170	6184	6198	6211	6225	6239	6252	6266	6280	6293	51
39	6293	6307	6320	6334	6347	6361	6374	6388	6401	6414	6428	**50**
40	0,6428	6441	6455	6468	6481	6494	6508	6521	6534	6547	6561	49
41	0,6561	6574	6587	6600	6613	6626	6639	6652	6665	6678	6691	48
42	6691	6704	6717	6730	6743	6756	6769	6782	6794	6807	6820	47
43	6820	6833	6845	6858	6871	6884	6896	6909	6921	6934	6947	46
44	0,6947	6959	6972	6984	6997	7009	7022	7034	7046	7059	7071	45
	(1,0)	,9	,8	,7	,6	,5	,4	,3	,2	,1	,0	Grad

cos 45° … cos 90°

y = sin x und y = cos x

sin 45° … sin 90°

Grad	,0	,1	,2	,3	,4	,5	,6	,7	,8	,9	(1,0)	
45	0,7071	7083	7096	7108	7120	7133	7145	7157	7169	7181	7193	44
46	7193	7206	7218	7230	7242	7254	7266	7278	7290	7302	7314	43
47	0,7314	7325	7337	7349	7361	7373	7385	7396	7408	7420	7431	42
48	7431	7443	7455	7466	7478	7490	7501	7513	7524	7536	7547	41
49	7547	7559	7570	7581	7593	7604	7615	7627	7638	7649	7660	**40**
50	0,7660	7672	7683	7694	7705	7716	7727	7738	7749	7760	7771	39
51	0,7771	7782	7793	7804	7815	7826	7837	7848	7859	7869	7880	38
52	7880	7891	7902	7912	7923	7934	7944	7955	7965	7976	7986	37
53	7986	7997	8007	8018	8028	8039	8049	8059	8070	8080	8090	36
54	0,8090	8100	8111	8121	8131	8141	8151	8161	8171	8181	8192	35
55	8192	8202	8211	8221	8231	8241	8251	8261	8271	8281	8290	34
56	8290	8300	8310	8320	8329	8339	8348	8358	8368	8377	8387	33
57	0,8387	8396	8406	8415	8425	8434	8443	8453	8462	8471	8480	32
58	8480	8490	8499	8508	8517	8526	8536	8545	8554	8563	8572	31
59	8572	8581	8590	8599	8607	8616	8625	8634	8643	8652	8660	**30**
60°	0,8660	8669	8678	8686	8695	8704	8712	8721	8729	8738	8746	29
61	0,8746	8755	8763	8771	8780	8788	8796	8805	8813	8821	8829	28
62	8829	8838	8846	8854	8862	8870	8878	8886	8894	8902	8910	27
63	8910	8918	8926	8934	8942	8949	8957	8965	8973	8980	8988	26
64	0,8988	8996	9003	9011	9018	9026	9033	9041	9048	9056	9063	25
65	9063	9070	9078	9085	9092	9100	9107	9114	9121	9128	9135	24
66	9135	9143	9150	9157	9164	9171	9178	9184	9191	9198	9205	23
67	0,9205	9212	9219	9225	9232	9239	9245	9252	9259	9265	9272	22
68	9272	9278	9285	9291	9298	9304	9311	9317	9323	9330	9336	21
69	9336	9342	9348	9354	9361	9367	9373	9379	9385	9391	9397	**20**
70	0,9397	9403	9409	9415	9421	9426	9432	9438	9444	9449	9455	19
71	0,9455	9461	9466	9472	9478	9483	9489	9494	9500	9505	9511	18
72	9511	9516	9521	9527	9532	9537	9542	9548	9553	9558	9563	17
73	9563	9568	9573	9578	9583	9588	9593	9598	9603	9608	9613	16
74	0,9613	9617	9622	9627	9632	9636	9641	9646	9650	9655	9659	15
75	9659	9664	9668	9673	9677	9681	9686	9690	9694	9699	9703	14
76	9703	9707	9711	9715	9720	9724	9728	9732	9736	9740	9744	13
77	0,9744	9748	9751	9755	9759	9763	9767	9770	9774	9778	9781	12
78	9781	9785	9789	9792	9796	9799	9803	9806	9810	9813	9816	11
79	9816	9820	9823	9826	9829	9833	9836	9839	9842	9845	9848	**10**
80	0,9848	9851	9854	9857	9860	9863	9866	9869	9871	9874	9877	9
81	0,9877	9880	9882	9885	9888	9890	9893	9895	9898	9900	9903	8
82	9903	9905	9907	9910	9912	9914	9917	9919	9921	9923	9925	7
83	9925	9928	9930	9932	9934	9936	9938	9940	9942	9943	9945	6
84	0,9945	9947	9949	9951	9952	9954	9956	9957	9959	9960	9962	5
85	9962	9963	9965	9966	9968	9969	9971	9972	9973	9974	9976	4
86	9976	9977	9978	9979	9980	9981	9982	9983	9984	9985	9986	3
87	0,9986	9987	9988	9989	9990	9990	9991	9992	9993	9993	9994	2
88	9994	9995	9995	9996	9996	9997	9997	9997	9998	9998	9998	1
89	0,9998	9999	9999	9999	9999	1,000	1,000	1,000	1,000	1,000	1	**0**
	(1,0)	,9	,8	,7	,6	,5	,4	,3	,2	,1	,0	Grad

cos 0° … cos 45°

y = tan x und y = cot x

tan 0° ... tan 45°

Grad	,0	,1	,2	,3	,4	,5	,6	,7	,8	,9	(1,0)	
0	0	0,00175	00349	00524	00698	00873	0105	0122	0140	0157	0175	89
1	0,0175	0192	0209	0227	0244	0262	0279	0297	0314	0332	0349	88
2	0349	0367	0384	0402	0419	0437	0454	0472	0489	0507	0524	87
3	0524	0542	0559	0577	0594	0612	0629	0647	0664	0682	0699	86
4	0,0699	0717	0734	0752	0769	0787	0805	0822	0840	0857	0875	85
5	0875	0892	0910	0928	0945	0963	0981	0998	1016	1033	1051	84
6	1051	1069	1086	1104	1122	1139	1157	1175	1192	1210	1228	83
7	0,1228	1246	1263	1281	1299	1317	1334	1352	1370	1388	1405	82
8	1405	1423	1441	1459	1477	1495	1512	1530	1548	1566	1584	81
9	1584	1602	1620	1638	1655	1673	1691	1709	1727	1745	1763	**80**
10	0,1763	1781	1799	1817	1835	1853	1871	1890	1908	1926	1944	79
11	0,1944	1962	1980	1998	2016	2035	2053	2071	2089	2107	2126	78
12	2126	2144	2162	2180	2199	2217	2235	2254	2272	2290	2309	77
13	2309	2327	2345	2364	2382	2401	2419	2438	2456	2475	2493	76
14	0,2493	2512	2530	2549	2568	2586	2605	2623	2642	2661	2679	75
15	2679	2698	2717	2736	2754	2773	2792	2811	2830	2849	2867	74
16	2867	2886	2905	2924	2943	2962	2981	3000	3019	3038	3057	73
17	0,3057	3076	3096	3115	3134	3153	3172	3191	3211	3230	3249	72
18	3249	3269	3288	3307	3327	3346	3365	3385	3404	3424	3443	71
19	3443	3463	3482	3502	3522	3541	3561	3581	3600	3620	3640	**70**
20	0,3640	3659	3679	3699	3719	3739	3759	3779	3799	3819	3839	69
21	0,3839	3859	3879	3899	3919	3939	3959	3979	4000	4020	4040	68
22	4040	4061	4081	4101	4122	4142	4163	4183	4204	4224	4245	67
23	4245	4265	4286	4307	4327	4348	4369	4390	4411	4431	4452	66
24	0,4452	4473	4494	4515	4536	4557	4578	4599	4621	4642	4663	65
25	4663	4684	4706	4727	4748	4770	4791	4813	4834	4856	4877	64
26	4877	4899	4921	4942	4964	4986	5008	5029	5051	5073	5095	63
27	0,5095	5117	5139	5161	5184	5206	5228	5250	5272	5295	5317	62
28	5317	5340	5362	5384	5407	5430	5452	5475	5498	5520	5543	61
29	5543	5566	5589	5612	5635	5658	5681	5704	5727	5750	5774	**60**
30	0,5774	5797	5820	5844	5867	5890	5914	5938	5961	5985	6009	59
31	0,6009	6032	6056	6080	6104	6128	6152	6176	6200	6224	6249	58
32	6249	6273	6297	6322	6346	6371	6395	6420	6445	6469	6494	57
33	6494	6519	6544	6569	6594	6619	6644	6669	6694	6720	6745	56
34	0,6745	6771	6796	6822	6847	6873	6899	6924	6950	6976	7002	55
35	7002	7028	7054	7080	7107	7133	7159	7186	7212	7239	7265	54
36	7265	7292	7319	7346	7373	7400	7427	7454	7481	7508	7536	53
37	0,7536	7563	7590	7618	7646	7673	7701	7729	7757	7785	7813	52
38	7813	7841	7869	7898	7926	7954	7983	8012	8040	8069	8098	51
39	8098	8127	8156	8185	8214	8243	8273	8302	8332	8361	8391	**50**
40	0,8391	8421	8451	8481	8511	8541	8571	8601	8632	8662	8693	49
41	0,8693	8724	8754	8785	8816	8847	8878	8910	8941	8972	9004	48
42	9004	9036	9067	9099	9131	9163	9195	9228	9260	9293	9325	47
43	9325	9358	9391	9424	9457	9490	9523	9556	9590	9623	9657	46
44	0,9657	9691	9725	9759	9793	9827	9861	9896	9930	9965	1,0000	45
	(1,0)	,9	,8	,7	,6	,5	,4	,3	,2	,1	,0	Grad

cot 45° ... cot 90°

y = tan x und y = cot x

tan 45° … tan 90°

Grad	,0	,1	,2	,3	,4	,5	,6	,7	,8	,9	(1,0)	
45	1,000	003	007	011	014	018	021	025	028	032	036	44
46	036	039	043	046	050	054	057	061	065	069	072	43
47	1,072	076	080	084	087	091	095	099	103	107	111	42
48	111	115	118	122	126	130	134	138	142	146	150	41
49	150	154	159	163	167	171	175	179	183	188	192	40
50	1,192	196	200	205	209	213	217	222	226	230	235	39
51	1,235	239	244	248	253	257	262	266	271	275	280	38
52	280	285	289	294	299	303	308	313	317	322	327	37
53	327	332	337	342	347	351	356	361	366	371	376	36
54	1,376	381	387	392	397	402	407	412	418	423	428	35
55	428	433	439	444	450	455	460	466	471	477	483	34
56	483	488	494	499	505	511	517	522	528	534	540	33
57	1,540	546	552	558	564	570	576	582	588	594	600	32
58	600	607	613	619	625	632	638	645	651	658	664	31
59	664	671	678	684	691	698	704	711	718	725	732	30
60	1,732	739	746	753	760	767	775	782	789	797	804	29
61	1,804	811	819	827	834	842	849	857	865	873	881	28
62	881	889	897	905	913	921	929	937	946	954	963	27
63	963	971	980	988	997	*006	*014	*023	*032	*041	*050	26
64	2,050	059	069	078	087	097	106	116	125	135	145	25
65	145	154	164	174	184	194	204	215	225	236	246	24
66	246	257	267	278	289	300	311	322	333	344	356	23
67	2,356	367	379	391	402	414	426	438	450	463	475	22
68	475	488	500	513	526	539	552	565	578	592	605	21
69	605	619	633	646	660	675	689	703	718	733	747	20
70	2,747	762	778	793	808	824	840	856	872	888	904	19
71	2,904	921	937	954	971	989	*006	*024	*042	*060	*078	18
72	3,078	096	115	133	152	172	191	211	230	251	271	17
73	271	291	312	333	354	376	398	420	442	465	487	16
74	3,487	511	534	558	582	606	630	655	681	706	732	15
75	732	758	785	812	839	867	895	923	952	981	*011	14
76	4,011	041	071	102	134	165	198	230	264	297	331	13
77	4,331	366	402	437	474	511	548	586	625	665	705	12
78	705	745	787	829	872	915	959	*005	*050	*097	*145	11
79	5,145	193	242	292	343	396	449	503	558	614	671	10
80	5,671	5,730	5,789	5,850	5,912	5,976	6,041	6,107	6,174	6,243	6,314	9
81	6,314	6,386	6,460	6,535	6,612	6,691	6,772	6,855	6,940	7,026	7,115	8
82	7,115	7,207	7,300	7,396	7,495	7,596	7,700	7,806	7,916	8,028	8,144	7
83	8,144	8,264	8,386	8,513	8,643	8,777	8,915	9,058	9,205	9,357	9,514	6
84	9,514	9,677	9,845	10,02	10,20	10,39	10,58	10,78	10,99	11,20	11,43	5
85	11,43	11,66	11,91	12,16	12,43	12,71	13,00	13,30	13,62	13,95	14,30	4
86	14,30	14,67	15,06	15,46	15,89	16,35	16,83	17,34	17,89	18,46	19,08	3
87	19,08	19,74	20,45	21,20	22,02	22,90	23,86	24,90	26,03	27,27	28,64	2
88	28,64	30,14	31,82	33,69	35,80	38,19	40,92	44,07	47,74	52,08	57,29	1
89	57,29	63,66	71,62	81,85	95,49	114,6	143,2	191,0	286,5	573,0	—	0
	(1,0)	,9	,8	,7	,6	,5	,4	,3	,2	,1	,0	Grad

cot 0° … cot 45°

Winkelmessung

1 Radiant (1 rad) ist der ebene Winkel zwischen zwei Kreisradien, die aus dem Umfang einen Bogen b von der Länge des Radius r ausschneiden:

$1 \text{ rad} = 1 \frac{\text{m}}{\text{m}}$. Es gilt: $360° = 2\pi \text{ rad}$.

Aus $\frac{1 \text{ rad}}{2\pi \text{ rad}} = \frac{\alpha}{360°}$ folgt $1 \text{ rad} \approx 57{,}2956°$.

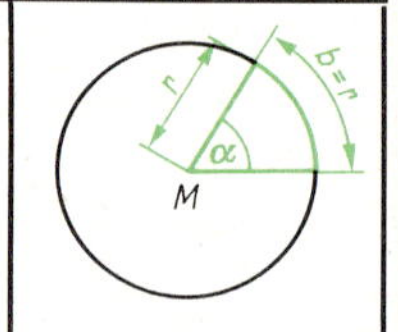

Umrechnungstafel: Grad in Radiant

Grad	Radiant	Grad	Radiant	Grad	Radiant	Grad	Radiant	Grad	Radiant
1	0,0175	31	0,5411	61	1,0647	91	1,5882	205	3,5779
2	0349	32	5585	62	0821	92	6057	210	6652
3	0524	33	5760	63	0996	93	6232	215	7525
4	0,0698	34	0,5934	64	1,1170	94	1,6406	220	3,8397
5	0873	35	6109	65	1345	95	6581	225	9270
6	1047	36	6283	66	1519	96	6755	230	4,0143
7	0,1222	37	0,6458	67	1,1694	97	1,6930	235	4,1015
8	1396	38	6632	68	1868	98	7104	240	1888
9	1571	39	6807	69	2043	99	7279	245	2761
10	0,1745	**40**	0,6981	**70**	1,2217	**100**	1,7453	**250**	4,3633
11	0,1920	41	0,7156	71	1,2392	105	1,8326	255	4,4506
12	2094	42	7330	72	2566	110	9199	260	5379
13	2269	43	7505	73	2741	115	2,0071	265	6251
14	0,2443	44	0,7679	74	1,2915	120	2,0944	270	4,7124
15	2618	45	7854	75	3090	125	1817	275	7997
16	2793	46	8029	76	3265	130	2689	280	8869
17	0,2967	47	0,8203	77	1,3439	135	2,3562	285	4,9742
18	3142	48	8378	78	3614	140	4435	290	5,0615
19	3316	49	8552	79	3788	145	5307	295	1487
20	0,3491	**50**	0,8727	**80**	1,3963	**150**	2,6180	**300**	5,2360
21	0,3665	51	0,8901	81	1,4137	155	2,7053	310	5,4105
22	3840	52	9076	82	4312	160	7925	315	4978
23	4014	53	9250	83	4486	165	8798	320	5851
24	0,4189	54	0,9425	84	1,4661	170	2,9671	325	5,6723
25	4363	55	9599	85	4835	175	3,0543	330	7596
26	4538	56	9774	86	5010	180	1416	335	8469
27	0,4712	57	0,9948	87	1,5184	185	3,2289	340	5,9341
28	4887	58	1,0123	88	5359	190	3161	345	6,0214
29	5061	59	0297	89	5533	195	4034	350	1087
30	0,5236	**60**	1,0472	**90**	1,5708	**200**	3,4907	**360**	6,2832

$\text{arc } 23{,}12° = \text{arc } 23° + \text{arc } 0{,}12° = 0{,}4014 + 0{,}002094 \approx 0{,}4035$

Umrechnungstafel: Radiant in Grad

Radiant	Grad	Radiant	Grad	Radiant	Grad	Radiant	Grad	Radiant	Grad
0,00	0,00	**0,20**	11,46	**0,40**	22,92	**0,60**	34,38	**0,80**	45,84
0,02	1,15	0,22	12,61	0,42	24,06	0,62	35,52	0,82	46,98
0,04	2,29	0,24	13,75	0,44	25,21	0,64	36,67	0,84	48,13
0,06	3,44	0,26	14,90	0,46	26,36	0,66	37,82	0,86	49,27
0,08	4,58	0,28	16,04	0,48	27,50	0,68	38,96	0,88	50,42
0,10	5,73	**0,30**	17,19	**0,50**	28,65	**0,70**	40,11	**0,90**	51,57
0,12	6,88	0,32	18,33	0,52	29,79	0,72	41,25	0,92	52,71
0,14	8,02	0,34	19,48	0,54	30,94	0,74	42,40	0,94	53,86
0,16	9,17	0,36	20,63	0,56	32,09	0,76	43,54	0,96	55,00
0,18	10,31	0,38	21,77	0,58	33,23	0,78	44,69	0,98	56,15

Radiant	Grad	Radiant	Grad	Radiant	Grad	Radiant	Grad	Radiant	Grad
1,00	57,30	**1,20**	68,75	**1,40**	80,21	**2,0**	114,59	**3,0**	171,89
1,02	58,44	1,22	69,90	1,42	81,36	2,1	120,32	3,2	183,35
1,04	59,59	1,24	71,05	1,44	82,51	2,2	126,05	3,4	194,81
1,06	60,73	1,26	72,19	1,46	83,65	2,3	131,78	3,6	206,26
1,08	61,88	1,28	73,34	1,48	84,80	2,4	137,51	3,8	217,72
1,10	63,03	**1,30**	74,48	**1,5**	85,94	**2,5**	143,29	**4,0**	229,18
1,12	64,17	1,32	75,63	1,6	91,67	2,6	148,97	5,0	286,48
1,14	65,32	1,34	76,78	1,7	97,40	2,7	154,70	6,0	343,77
1,16	66,46	1,36	77,92	1,8	103,13	2,8	160,43	7,0	401,07
1,18	67,61	1,38	79,07	1,9	108,86	2,9	166,16	8,0	458,37

■ $\text{arc}\,\alpha = 1{,}17$; 1,16 rad = 66,46°; 0,01 rad = 0,573°; $\alpha \approx 67{,}03°$

Umrechnungstafel: Grad in Min., Sek.

Grad		Grad		Grad		Grad		Grad	
0,01	0′ 36″	0,21	12′ 36″	0,41	24′ 36″	0,61	36′ 36″	0,81	48′ 36″
0,02	1′ 12″	0,22	13′ 12″	0,42	25′ 12″	0,62	37′ 12″	0,82	49′ 12″
0,03	1′ 48″	0,23	13′ 48″	0,43	25′ 48″	0,63	37′ 48″	0,83	49′ 48″
0,04	2′ 24″	0,24	14′ 24″	0,44	26′ 24″	0,64	38′ 24″	0,84	50′ 24″
0,05	3′ 0″	0,25	15′ 0″	0,45	27′ 0″	0,65	39′ 0″	0,85	51′ 0″
0,06	3′ 36″	0,26	15′ 36″	0,46	27′ 36″	0,66	39′ 36″	0,86	51′ 36″
0,07	4′ 12″	0,27	16′ 12″	0,47	28′ 12″	0,67	40′ 12″	0,87	52′ 12″
0,08	4′ 48″	0,28	16′ 48″	0,48	28′ 48″	0,68	40′ 48″	0,88	52′ 48″
0,09	5′ 24″	0,29	17′ 24″	0,49	29′ 24″	0,69	41′ 24″	0,89	53′ 24″
0,10	6′ 0″	**0,30**	18′ 0″	**0,50**	30′ 0″	**0,70**	42′ 0″	**0,90**	54′ 0″
0,11	6′ 36″	0,31	18′ 36″	0,51	30′ 36″	0,71	42′ 36″	0,91	54′ 36″
0,12	7′ 12″	0,32	19′ 12″	0,52	31′ 12″	0,72	43′ 12″	0,92	55′ 12″
0,13	7′ 48″	0,33	19′ 48″	0,53	31′ 48″	0,73	43′ 48″	0,93	55′ 48″
0,14	8′ 24″	0,34	20′ 24″	0,54	32′ 24″	0,74	44′ 24″	0,94	56′ 24″
0,15	9′ 0″	0,35	21′ 0″	0,55	33′ 0″	0,75	45′ 0″	0,95	57′ 0″
0,16	9′ 36″	0,36	21′ 36″	0,56	33′ 36″	0,76	45′ 36″	0,96	57′ 36″
0,17	10′ 12″	0,37	22′ 12″	0,57	34′ 12″	0,77	46′ 12″	0,97	58′ 12″
0,18	10′ 48″	0,38	22′ 48″	0,58	34′ 48″	0,78	46′ 48″	0,98	58′ 48″
0,19	11′ 24″	0,39	23′ 24″	0,59	35′ 24″	0,79	47′ 24″	0,99	59′ 24″
0,20	12′ 0″	**0,40**	24′ 0″	**0,60**	36′ 0″	**0,80**	48′ 0″	**1,00**	60′ 0″

■ 12,51° = 12°
\+ 30′ 36″
= 12° 30′ 36″

Umrechnungstafel: Min. in Grad

Min.	Grad	Min.	Grad	Min.	Grad	Min.	Grad	Min.	Grad	Min.	Grad
1	0,017	11	0,183	21	0,350	31	0,517	41	0,683	51	0,850
2	033	12	200	22	367	32	533	42	700	52	867
3	050	13	217	23	383	33	550	43	717	53	883
4	0,067	14	0,233	24	0,400	34	0,567	44	0,733	54	0,900
5	083	15	250	25	417	35	583	45	750	55	917
6	100	16	267	26	433	36	600	46	767	56	933
7	0,117	17	0,283	27	0,450	37	0,617	47	0,783	57	0,950
8	133	18	300	28	467	38	633	48	800	58	967
9	150	19	317	29	483	39	650	49	817	59	983
10	0,167	**20**	0,333	**30**	0,500	**40**	0,667	**50**	0,833	**60**	1,000

$y = \sin x$, $y = \cos x$, $y = \tan x$ (x in rad; 0,00 ... 8,5)

x	sin x	cos x	tan x	x	sin x	cos x	tan x	x	sin x	cos x	tan x
0,00	**0,00**	**1,00**	**0,00**	**1,00**	0,84	0,54	1,56	**2,00**	0,91	—0,42	—2,19
0,02	0,02	1,00	0,02	1,02	0,85	0,52	1,63	2,1	0,86	—0,50	—1,71
0,04	0,04	1,00	0,04	1,04	0,86	0,51	1,70	2,2	0,81	—0,59	—1,37
0,06	0,06	1,00	0,06	1,06	0,87	0,49	1,78	2,3	0,75	—0,67	—1,12
0,08	0,08	1,00	0,08	1,08	0,88	0,47	1,87	2,4	0,68	—0,74	—0,92
0,10	0,10	1,00	0,10	**1,10**	0,89	0,45	1,96	**2,5**	0,60	—0,80	—0,75
0,12	0,12	0,99	0,12	1,12	0,90	0,44	2,07	2,6	0,52	—0,86	—0,60
0,14	0,14	0,99	0,14	1,14	0,91	0,42	2,18	2,7	0,43	—0,90	—0,47
0,16	0,16	0,99	0,16	1,16	0,92	0,40	2,30	2,8	0,33	—0,94	—0,36
0,18	0,18	0,98	0,18	1,18	0,92	0,38	2,43	2,9	0,24	—0,97	—0,25
0,20	0,20	0,98	0,20	**1,20**	0,93	0,36	2,57	**3,0**	0,14	—0,99	—0,14
0,22	0,22	0,98	0,22	1,22	0,94	0,34	2,73	3,1	0,04	—1,00	—0,04
0,23	0,23	0,97	0,23	1,23	0,94	0,33	2,82	**3,142**	**0,00**	**—1,00**	**0,00**
0,24	0,24	0,97	0,24	1,24	0,95	0,32	2,91	3,2	—0,06	—1,00	0,06
0,26	0,26	0,97	0,27	1,26	0,95	0,31	3,11	3,3	—0,16	—0,99	0,16
0,28	0,28	0,96	0,29	1,28	0,96	0,29	3,34	3,4	—0,26	—0,97	0,26
0,30	0,30	0,96	0,31	**1,30**	0,96	0,27	3,60	**3,5**	—0,35	—0,94	0,37
0,32	0,31	0,95	0,33	1,32	0,97	0,25	3,90	3,6	—0,44	—0,90	0,49
0,34	0,33	0,94	0,35	1,34	0,97	0,23	4,26	3,7	—0,53	—0,85	0,62
0,36	0,35	0,94	0,38	1,36	0,98	0,21	4,67	3,8	—0,61	—0,79	0,77
0,38	0,37	0,93	0,40	1,38	0,98	0,19	5,18	3,9	—0,69	—0,73	0,95
0,40	0,39	0,92	0,42	**1,40**	0,99	0,17	5,80	**4,0**	—0,76	—0,65	1,16
0,42	0,41	0,91	0,45	1,42	0,99	0,15	6,58	4,1	—0,82	—0,57	1,42
0,44	0,43	0,90	0,47	1,44	0,99	0,13	7,60	4,2	—0,87	—0,49	1,78
0,46	0,44	0,90	0,50	1,46	0,99	0,11	8,99	4,3	—0,92	—0,40	2,29
0,48	0,46	0,89	0,52	1,48	1,00	0,09	11,0	4,4	—0,95	—0,31	3,10
0,50	0,48	0,88	0,55	**1,50**	1,00	0,07	14,1	**4,5**	—0,98	—0,21	4,64
0,52	0,50	0,87	0,57	1,52	1,00	0,05	19,7	4,6	—0,99	—0,11	8,86
0,54	0,51	0,86	0,60	1,54	1,00	0,03	32,5	4,7	—1,00	—0,01	80,7
0,56	0,53	0,85	0,63	1,56	1,00	0,01	92,6	**4,712**	**—1,00**	**0,00**	**—**
0,57	0,54	0,84	0,64	**1,571**	**1,00**	**0,00**	**—**	4,8	—1,00	0,09	—11,4
0,58	0,55	0,84	0,66	1,58	1,00	—0,01	—109	4,9	—0,98	0,19	—5,27
0,60	0,56	0,83	0,68	**1,60**	1,00	—0,03	—34,2	**5,0**	—0,96	0,28	—3,38
0,62	0,58	0,81	0,71	1,62	1,00	—0,05	—20,3	5,1	—0,93	0,38	—2,45
0,64	0,60	0,80	0,74	1,64	1,00	—0,07	—14,4	5,2	—0,88	0,47	—1,89
0,66	0,61	0,79	0,78	1,66	1,00	—0,09	—11,2	5,3	—0,83	0,55	—1,50
0,68	0,63	0,78	0,81	1,68	0,99	—0,11	—9,12	5,4	—0,77	0,63	—1,22
0,70	0,64	0,76	0,84	**1,70**	0,99	—0,13	—7,70	**5,5**	—0,71	0,71	—1,00
0,72	0,66	0,75	0,88	1,72	0,99	—0,15	—6,65	5,6	—0,63	0,78	—0,81
0,74	0,67	0,74	0,91	1,74	0,99	—0,17	—5,85	5,7	—0,55	0,83	—0,66
0,76	0,69	0,72	0,95	1,76	0,98	—0,19	—5,22	5,8	—0,46	0,89	—0,52
0,78	0,70	0,71	0,99	1,78	0,98	—0,21	—4,71	5,9	—0,37	0,93	—0,40
0,80	0,72	0,70	1,03	**1,80**	0,97	—0,23	—4,29	**6,0**	—0,28	0,96	—0,29
0,82	0,73	0,68	1,07	1,82	0,97	—0,25	—3,93	6,1	—0,18	0,98	—0,19
0,84	0,74	0,67	1,12	1,84	0,96	—0,27	—3,62	6,2	—0,08	1,00	—0,08
0,86	0,76	0,65	1,16	1,86	0,96	—0,29	—3,36	**6,286**	**0,00**	**1,00**	**0,00**
0,88	0,77	0,64	1,21	1,88	0,95	—0,30	—3,13	6,3	0,02	1,00	0,02
0,90	0,78	0,62	1,26	**1,90**	0,95	—0,32	—2,93	**6,5**	0,22	0,98	0,22
0,92	0,80	0,61	1,31	1,92	0,94	—0,34	—2,75	7,0	0,66	0,75	0,87
0,94	0,81	0,59	1,37	1,94	0,93	—0,36	—2,58	7,5	0,94	0,34	2,73
0,96	0,82	0,57	1,43	1,96	0,93	—0,38	—2,44	8,0	0,99	—0,15	—6,80
0,98	0,83	0,56	1,49	1,98	0,92	—0,40	—2,31	8,5	0,80	—0,60	—1,33

Die halbfett grün gedruckten Zeilen entsprechen in der Reihenfolge 0; $0{,}5\pi$; π; $1{,}5\pi$; 2π.

Griechisches Alphabet

Buchstabe		Name, Aussprache	Buchstabe		Name, Aussprache	Buchstabe		Name, Aussprache
A	α	Alpha	I	ι	Jota	P	ϱ	Rho
B	β	Beta	K	$\varkappa$	Kappa	Σ	σ ς	Sigma
Γ	γ	Gamma	Λ	λ	Lambda	T	τ	Tau
Δ	δ	Delta	M	μ	My	Y	υ	Ypsilon
E	ε	Epsilon	N	ν	Ny	Φ	φ	Phi
Z	ζ	Zeta	Ξ	ξ	Xi	X	χ	Chi
H	η	Eta	O	o	Omikron	Ψ	ψ	Psi
Θ	ϑ	Theta	Π	π	Pi	Ω	ω	Omega

Rundungsregeln

Beim Runden wird die letzte Grundziffer (bzw. werden mehrere ganz rechts stehende Grundziffern) durch eine 0 ersetzt. Handelt es sich um Dezimalstellen, so werden die Nullen weggelassen. Diese letzte nicht durch eine Null ersetzte Grundziffer bleibt unverändert, wenn ihr vor der Nulleneinsetzung eine 1, 2, 3 oder 4 folgte (Abrunden). Diese Grundziffer wird um 1 erhöht, wenn ihr vor der Nulleneinsetzung eine 6, 7, 8 oder 9 folgte (Aufrunden). Im Falle der 5 hängt es davon ab, ob dieser 5 ohnehin nur Nullen folgten, oder ob andere Ziffern durch Nullen ersetzt werden mußten (↗ Übersicht). Im Bankwesen und Geschäftsleben wird beim Runden einer Zahl im Falle der 5 stets aufgerundet.
In den Zahlentafeln auf den Seiten 7 bis 30 wurde eine 5, die durch Abrunden entstanden ist, durch das Zeichen $\dot{5}$ gekennzeichnet; beim weiteren Runden muß aufgerundet werden. Eine 5, die durch Aufrunden entstanden ist, wurde durch das Zeichen $\underline{5}$ gekennzeichnet; beim weiteren Runden muß abgerundet werden.

Übersicht: Der letzten beibehaltenen Grundziffer (↓) folgt

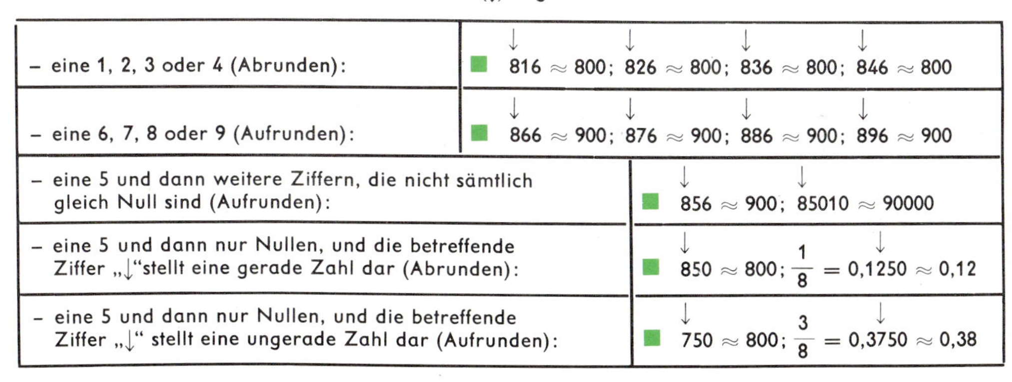

– eine 1, 2, 3 oder 4 (Abrunden):	816 ≈ 800; 826 ≈ 800; 836 ≈ 800; 846 ≈ 800
– eine 6, 7, 8 oder 9 (Aufrunden):	866 ≈ 900; 876 ≈ 900; 886 ≈ 900; 896 ≈ 900
– eine 5 und dann weitere Ziffern, die nicht sämtlich gleich Null sind (Aufrunden):	856 ≈ 900; 85010 ≈ 90000
– eine 5 und dann nur Nullen, und die betreffende Ziffer „↓“ stellt eine gerade Zahl dar (Abrunden):	850 ≈ 800; $\frac{1}{8}$ = 0,1250 ≈ 0,12
– eine 5 und dann nur Nullen, und die betreffende Ziffer „↓“ stellt eine ungerade Zahl dar (Aufrunden):	750 ≈ 800; $\frac{3}{8}$ = 0,3750 ≈ 0,38

Prozent- und Zinsrechnung

$\frac{W}{p} = \frac{G}{100}$ G: Grundwert W: Prozentwert p: Prozentsatz	$\frac{Z}{p} = \frac{G}{100}$ G: Grundbetrag, Z: Zinsen, p: Prozentsatz, t: Zeit Bei unverändertem Grundbetrag und Auszahlung der Zinsen nach jeweils 1 Jahr Laufzeit gilt:	für 1 Jahr: $Z = \frac{G \cdot p}{100}$, für t Jahre: $Z = \frac{G \cdot p \cdot t}{100}$. Für t Tage gilt: $Z = \frac{G \cdot p \cdot t}{100 \cdot 360}$
	Werden die Zinsen am Ende eines jeden Jahres dem Grundbetrag zugeschlagen und erfolgen keine weiteren Einzahlungen, so wird nach n Jahren folgender Betrag erreicht:	$G_n = G\left(1 + \frac{p}{100}\right)^n$

Ebene Figuren

(*A* Flächeninhalt; *u* Umfang)

Dreieck

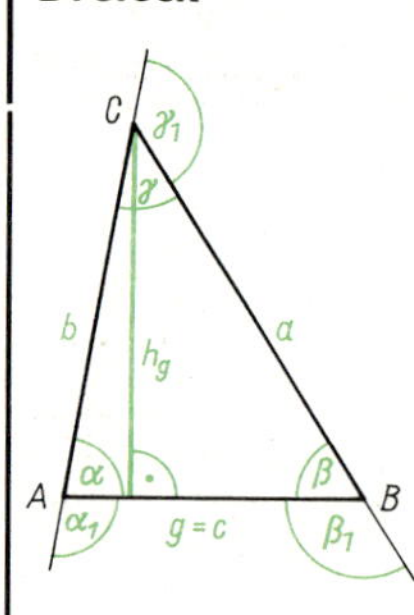

$$A = \frac{g \cdot h_g}{2} = \frac{1}{2}\, ab \cdot \sin\gamma$$

Sinussatz:

$$\frac{a}{\sin\alpha} = \frac{b}{\sin\beta} = \frac{c}{\sin\gamma}$$

Kosinussatz:

$c^2 = a^2 + b^2 - 2\,ab \cdot \cos\gamma$

Höhen und zugehörige Seiten:

$$\frac{h_a}{h_b} = \frac{b}{a}$$

$\alpha + \beta + \gamma = 180°$

Außenwinkel:

$\alpha_1 = \beta + \gamma$
$\beta_1 = \alpha + \gamma$
$\gamma_1 = \alpha + \beta$

Im gleichseitigen Dreieck gilt speziell:

$\alpha = 60°;\ h = \frac{a}{2}\sqrt{3}$

$$A = \frac{a^2}{4}\sqrt{3}$$

Im rechtwinkligen Dreieck ($\triangle ABC$ mit $\gamma = 90°$) gilt speziell:

$\alpha + \beta = 90°$

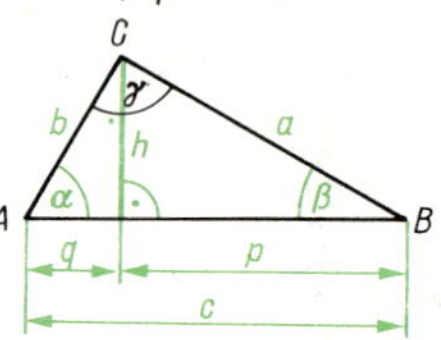

$$A = \frac{1}{2}\, ab$$

Höhensatz:
$h^2 = pq$

Kathetensatz:
$a^2 = pc;\ b^2 = qc$

Satz des Pythagoras:
$a^2 + b^2 = c^2$

$\sin\alpha = \cos\beta = \frac{a}{c}$

$\tan\alpha = \cot\beta = \frac{a}{b}$

Viereck

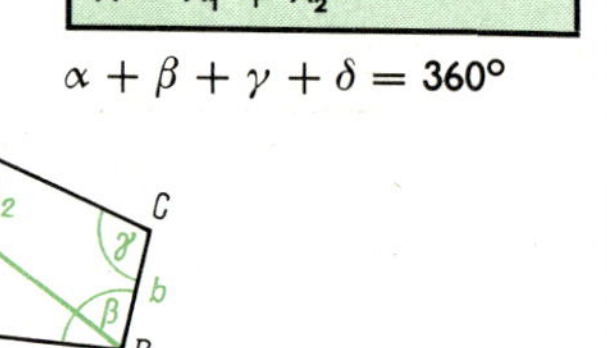

$$A = A_1 + A_2$$

$\alpha + \beta + \gamma + \delta = 360°$

Parallelogramm

$a \parallel c;\ b \parallel d$

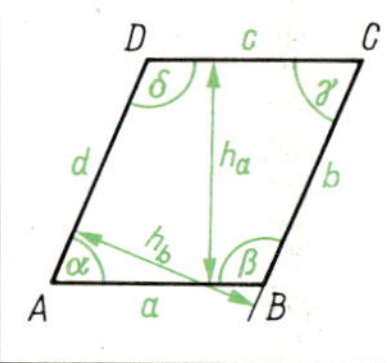

$$A = ah_a = bh_b$$

$\beta = \delta;\ \alpha + \beta = 180°$
$\alpha = \gamma;\ \alpha + \delta = 180°$

Im **Rhombus** gilt darüber hinaus:

$a = b = c = d;\ e \perp f;$

$A = \frac{ef}{2}$ (*e*, *f*: Diagonalen)

Trapez

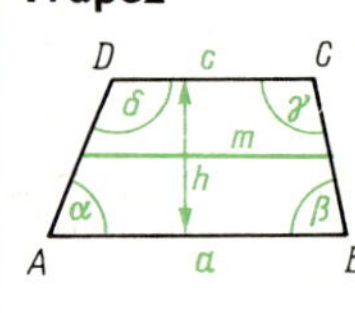

Es gelte: $a \parallel c$

$\alpha + \delta = 180°$
$\beta + \gamma = 180°$

$$m = \frac{a + c}{2}$$

$$A = \frac{a + c}{2}\, h = mh$$

Rechteck

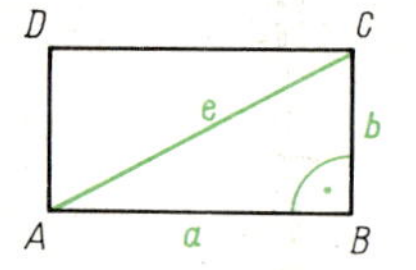

$$A = ab$$

$e = \sqrt{a^2 + b^2}$
$e = f$

Drachenviereck

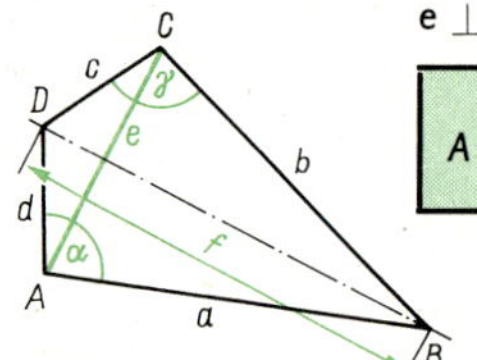

Es gelte: $a = b;\ c = d$
$e \perp f;\ \alpha = \gamma$

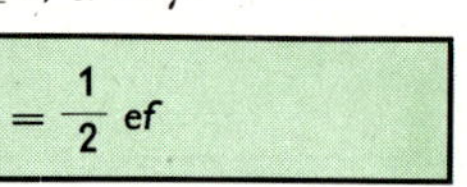

$$A = \frac{1}{2}\, ef$$

Quadrat

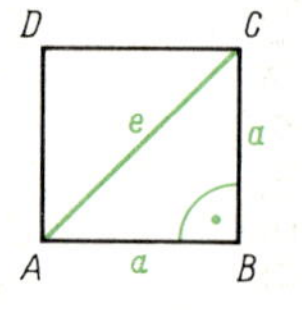

$$A = a^2$$

$e = f$
$e \perp f$
$e = a\sqrt{2}$

Kreis

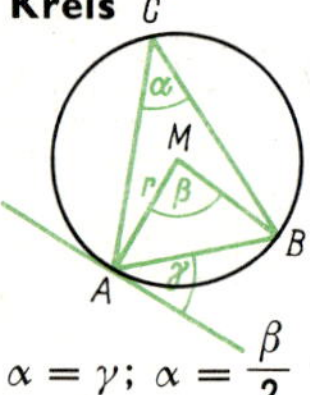

$\alpha = \gamma;\ \alpha = \frac{\beta}{2}$

$$A = \frac{\pi}{4}\, d^2 = \pi r^2 \approx 0{,}785\, d^2$$

$$u = 2\pi r = \pi d$$

α: Peripheriewinkel
β: Zentriwinkel (über der Sehne $\overline{AB}$)
γ: Sehnentangentenwinkel

Kreisbogen

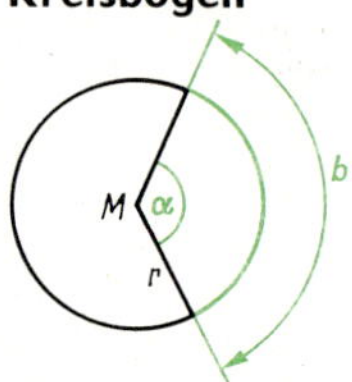

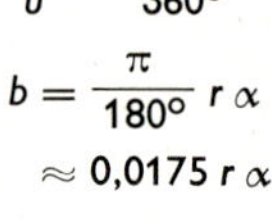

$$\frac{b}{u} = \frac{\alpha}{360°}$$

$$b = \frac{\pi}{180°}\, r\alpha$$

$\approx 0{,}0175\, r\alpha$

Kreisausschnitt (Kreissektor)

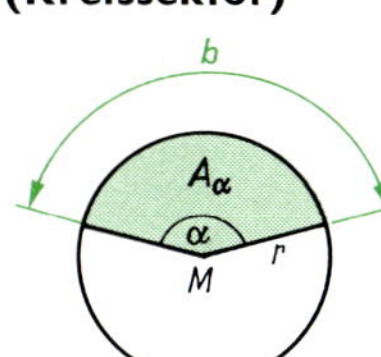

$$\frac{A_\alpha}{A} = \frac{\alpha}{360^\circ}$$

$$A_\alpha = \frac{1}{2} br = \frac{\pi r^2 \alpha}{360^\circ}$$

$$= \frac{1}{4} bd$$

$$u = 2r + b$$
$$= d + b$$

Kreisring

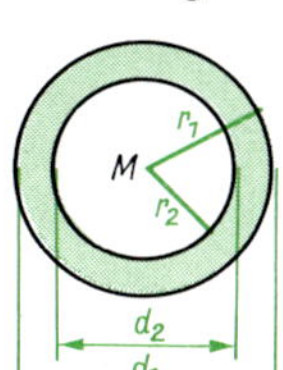

$$A = \pi (r_1^2 - r_2^2)$$
$$= \frac{\pi}{4} (d_1^2 - d_2^2)$$
$$= \frac{\pi}{4} (d_1 + d_2)(d_1 - d_2)$$

Bedingung: $r_1 > r_2$
bzw. $d_1 > d_2$

Körper

V: Volumen; A_O: Inhalt der Oberfläche; A_G: Inhalt der Grundfläche; A_M: Inhalt des Mantels

Würfel

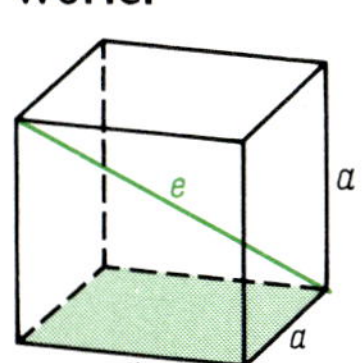

$$V = a^3$$
$$A_O = 6a^2$$
$$A_M = 4a^2$$
$$e = a\sqrt{3}$$

Quader

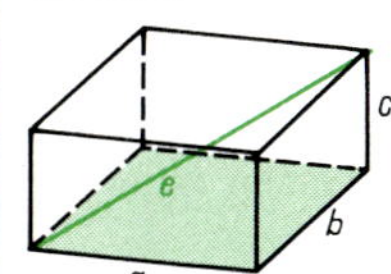

$$V = abc$$
$$A_O = 2(ab + ac + bc)$$
$$A_M = 2(ac + bc)$$
$$e = \sqrt{a^2 + b^2 + c^2}$$

Prisma

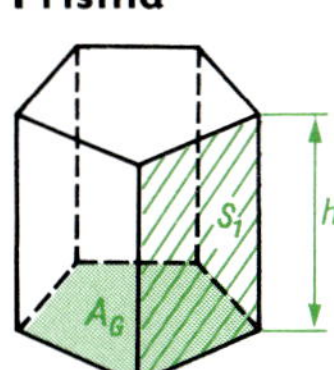

$$V = A_G h$$
$$A_O = 2 A_G + A_M$$
$$A_M = S_1 + S_2 + \cdots + S_n$$

Pyramide

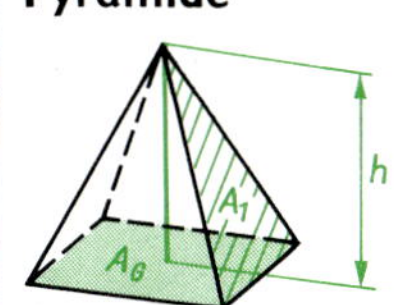

$$V = \frac{1}{3} A_G h$$
$$A_O = A_G + A_M$$
$$A_M = A_1 + A_2 + \cdots + A_n$$

Kreiszylinder

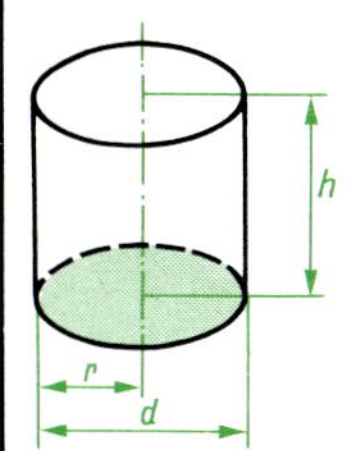

$$V = \pi r^2 h = \frac{\pi}{4} d^2 h$$
$$A_O = 2\pi r^2 + 2\pi rh$$
$$= \frac{\pi}{2} d^2 + \pi dh$$
$$A_M = \pi dh = 2\pi rh$$

Hohlzylinder

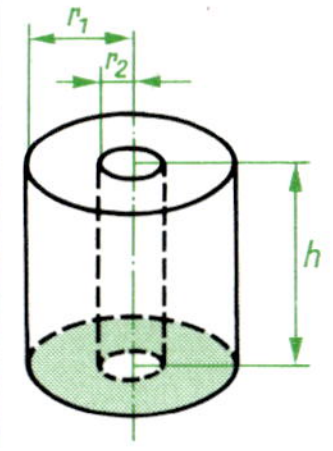

Für $r_1 > r_2$ gilt:
$$V = \pi h (r_1^2 - r_2^2)$$
$$A_O = 2\pi r_1 h + 2\pi r_2 h + 2\pi (r_1^2 - r_2^2)$$
$$A_M = 2\pi r_1 h + 2\pi r_2 h$$

Kreiskegel

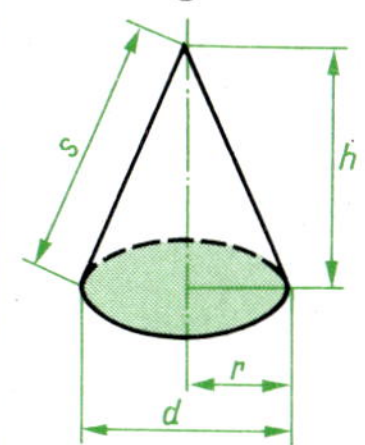

$$V = \frac{1}{12} \pi d^2 h = \frac{1}{3} \pi r^2 h$$
$$A_O = \frac{\pi}{4} d(d + 2s) = \pi r(r + s)$$
$$A_M = \frac{\pi}{2} ds = \pi rs$$
$$s^2 = r^2 + h^2$$

Regelmäßiges Tetraeder

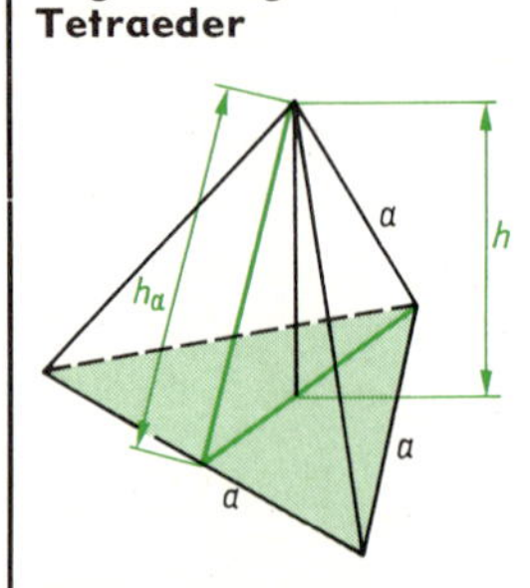

$$V = \frac{a^3}{12}\sqrt{2} \approx 0{,}1179\,a^3$$

$$A_O = a^2\sqrt{3} \approx 1{,}7321\,a^2$$

$$A_M = \frac{3}{4}\,a^2\sqrt{3}$$

$$A_G = \frac{a^2}{4}\sqrt{3}$$

$$h = \frac{a}{3}\sqrt{6} \approx 0{,}816\underline{5}\,a$$

$$h_a = \frac{a}{2}\sqrt{3} \approx 0{,}8660\,a$$

Das regelmäßige Tetraeder ist ein Körper, dessen Oberfläche aus 4 gleichseitigen, einander kongruenten Dreiecken gebildet wird.

Regelmäßiges Oktaeder

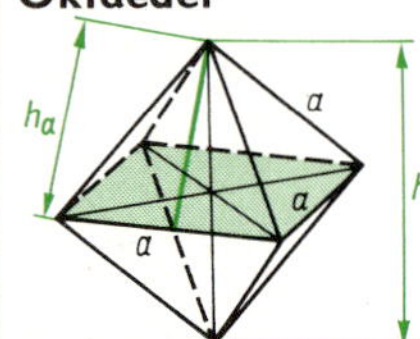

$$V = \frac{a^3}{3}\sqrt{2} \approx 0{,}4714\,a^3$$

$$A_O = 2\,a^2\sqrt{3} \approx 3{,}4641\,a^2$$

$$A_G = a^2$$

$$h = a\sqrt{2}$$

$$h_a = \frac{a}{2}\sqrt{3}$$

Das regelmäßige Oktaeder ist ein Körper, dessen Oberfläche aus 8 gleichseitigen, einander kongruenten Dreiecken gebildet wird.

Pyramidenstumpf

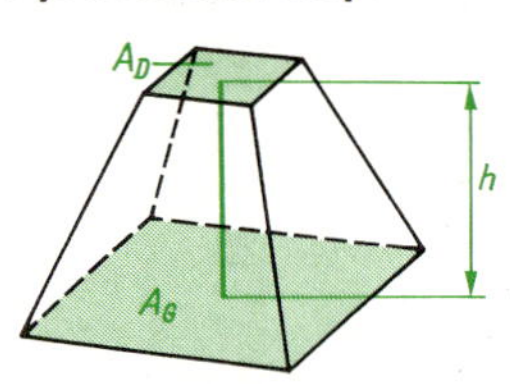

$$V = \frac{1}{3}\,h\left(A_G + \sqrt{A_G A_D} + A_D\right)$$

$$A_O = A_G + A_D + A_M$$

$$A_M = A_1 + A_2 + \cdots + A_n$$

Falls A_G und A_D nicht übermäßig voneinander abweichen, gilt folgende Näherung:

$$V \approx \frac{A_G + A_D}{2}\,h.$$

Kreiskegelstumpf

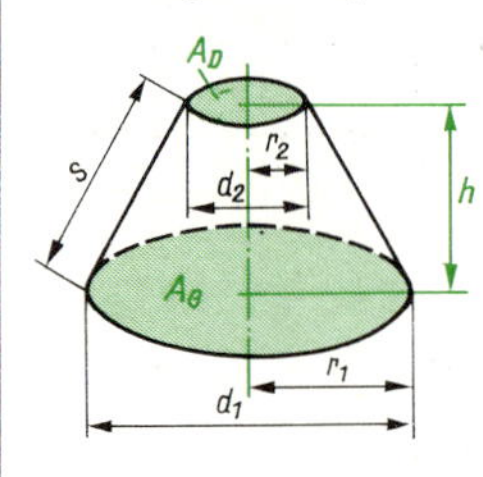

$$V = \frac{\pi}{12}\,h\,(d_1^2 + d_2^2 + d_1 d_2)$$

$$= \frac{\pi}{3}\,h\,(r_1^2 + r_2^2 + r_1 r_2)$$

$$A_O = \pi\,r_1^2 + \pi\,r_2^2 + \pi\,s\,(r_1 + r_2)$$

$$A_M = \pi\,s\,(r_1 + r_2)$$

$$s^2 = (r_1 - r_2)^2 + h^2,\ \text{falls}\ r_1 > r_2$$

Falls A_G und A_D nicht übermäßig voneinander abweichen, gilt folgende Näherung:

$$V \approx \frac{\pi}{2}\,h\,(r_1^2 + r_2^2).$$

Kugel

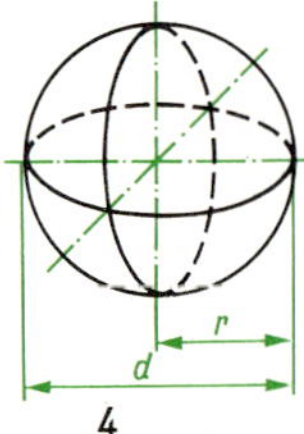

$$V = \frac{4}{3}\,\pi\,r^3$$

$$= \frac{1}{6}\,\pi\,d^3$$

$$A_O = 4\,\pi\,r^2$$

$$= \pi\,d^2$$

Kugelabschnitt (Segment)

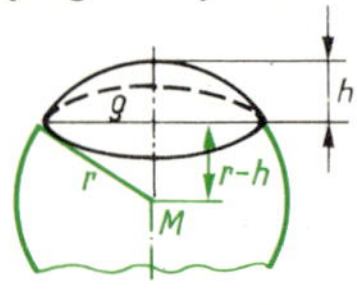

$$\varrho = \sqrt{h\,(2\,r - h)}$$

$$V = \frac{1}{3}\,\pi\,h^2\,(3\,r - h)$$

$$A_O = \pi\,h\,(4\,r - h)$$

Kugelkappe: $A = 2\,\pi\,rh$

Kugelausschnitt (Kugelsektor)

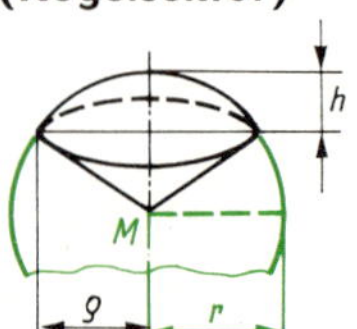

$$V = \frac{2\,\pi}{3}\,r^2 h$$

$$= \frac{\pi}{6}\,d^2 h$$

$$A_O = \pi\varrho\,r + 2\,\pi\,rh$$

Strahlensatz, zentrische Streckung

Wird ein Strahlenbüschel von einer Parallelenschar geschnitten, so gilt:

1. Die Abschnitte auf einem Strahl verhalten sich zueinander wie die gleichliegenden Abschnitte auf einem anderen Strahl.

   $\overline{SA} : \overline{AB} = \overline{SE} : \overline{EF}$

2. Gleichliegende Parallelenabschnitte verhalten sich zueinander wie die zugehörigen Strahlenabschnitte auf ein und demselben Strahl.

   $\overline{BD} : \overline{AC} = \overline{SB} : \overline{SA}$

3. Parallelenabschnitte auf einer Parallelen verhalten sich zueinander wie die zugehörigen Parallelenabschnitte auf einer anderen Parallelen.

   $\overline{AC} : \overline{CE} = \overline{BD} : \overline{DF}$

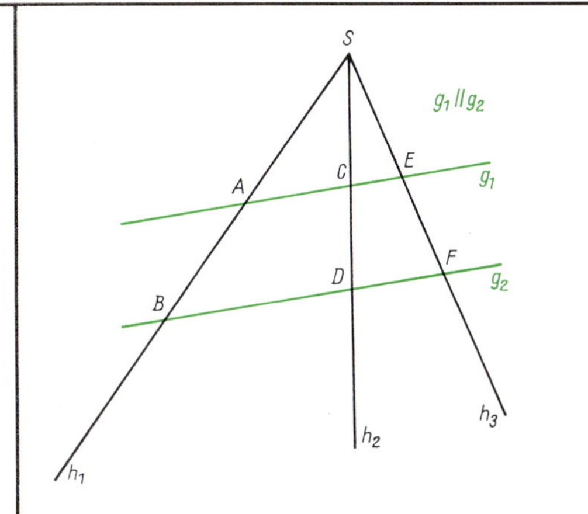

Die Vielecke ABCDE und A′B′C′D′E′ sind ähnlich, denn es gilt:

(1) $\alpha' = \alpha$; $\beta' = \beta$; $\gamma' = \gamma$; $\delta' = \delta$; $\varepsilon' = \varepsilon$ und

(2) $\overline{A'B'} = k \cdot \overline{AB}$; $\overline{B'C'} = k \cdot \overline{BC}$;
$\overline{C'D'} = k \cdot \overline{CD}$; $\overline{D'E'} = k \cdot \overline{DE}$; $\overline{E'A'} = k \cdot \overline{EA}$.

Streckung $\left(Z; \frac{\overline{A'B'}}{\overline{AB}}\right)$ $\quad k = \frac{\overline{A'B'}}{\overline{AB}}$ $(k \neq 0)$

Z: Ähnlichkeitszentrum
k: Ähnlichkeitsfaktor

Die Kongruenz ist ein Spezialfall der Ähnlichkeit mit $k = 1$.

Für den Umfang u' des Vielecks $A'B'C'D'E'$ gilt $u' = k \cdot u$.
Für den Flächeninhalt A' des Vielecks $A'B'C'D'E'$ gilt $A' = k^2 \cdot A$.

Entsprechend gilt für zwei Körper mit dem Ähnlichkeitsfaktor k:
$A_O' = k^2 \cdot A_O$ und $V' = k^3 \cdot V$.

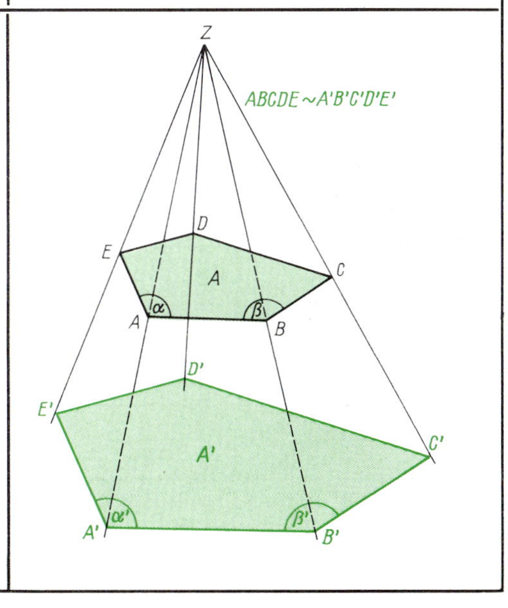

Ähnlichkeitssätze für Dreiecke; Kongruenzsätze

Dreiecke sind kongruent,

- wenn sie in drei Seiten übereinstimmen (sss),
- wenn sie in zwei Seiten und dem eingeschlossenen Winkel übereinstimmen (sws),
- wenn sie in einer Seite und den anliegenden Winkeln übereinstimmen (wsw),
- wenn sie in zwei Seiten und dem Gegenwinkel der größeren Seite übereinstimmen (ssw).

Dreiecke sind zueinander ähnlich,

- wenn sie im Verhältnis der drei Seiten übereinstimmen,
- wenn sie im Verhältnis zweier Seiten und dem eingeschlossenen Winkel übereinstimmen,
- wenn sie in zwei Winkeln übereinstimmen (Hauptähnlichkeitssatz),
- wenn sie im Verhältnis zweier Seiten und dem Gegenwinkel der größeren Seite übereinstimmen.

Potenzen

Potenzen mit ganzzahligen Exponenten

$a^k \underset{\text{Df}}{=} a \cdot a \cdot \ldots \cdot a$ (k Faktoren a mit $a \in R$ und $k > 1$, $k \in N$)

$0^k \underset{\text{Df}}{=} 0$ für alle $k \neq 0$; 0^0 ist nicht erklärt.

$a^1 \underset{\text{Df}}{=} a$; $a^0 \underset{\text{Df}}{=} 1$ $(a \neq 0)$; $a^{-k} \underset{\text{Df}}{=} \frac{1}{a^k}$ $(a \neq 0)$

Potenzgesetze			
Basen gleich	$a^m \cdot a^n = a^{m+n}$	$a^m : a^n = a^{m-n}$	a, b beliebig reell, aber ungleich Null; m, n ganz
Exponenten gleich	$a^m \cdot b^m = (a \cdot b)^m$	$a^m : b^m = \left(\frac{a}{b}\right)^m$	
	$(a^m)^n = a^{m \cdot n}$		

Potenzen mit rationalen Exponenten; Wurzeln

Definition der Wurzel:

$\sqrt[n]{a}$ $(a \geqq 0;\ n \in N;\ n \geqq 1)$ ist diejenige nichtnegative reelle Zahl b, für die gilt $b^n = a$.

$a^{\frac{1}{n}} \underset{\text{Df}}{=} \sqrt[n]{a}$ $(n > 0;\ n \in N;\ a \geqq 0;\ a \in R)$; $a^{\frac{p}{q}} \underset{\text{Df}}{=} (a^p)^{\frac{1}{q}} = \sqrt[q]{a^p}$ $(p, q \in Z;\ q > 0;\ a > 0;\ a \in R)$

Basen gleich	$a^{\frac{m}{n}} \cdot a^{\frac{p}{q}} = a^{\frac{m}{n} + \frac{p}{q}}$	$a^{\frac{m}{n}} : a^{\frac{p}{q}} = a^{\frac{m}{n} - \frac{p}{q}}$	a, b positiv reell; m, n, p, q ganz, $n \neq 0$, $q \neq 0$
Exponenten gleich	$a^{\frac{m}{n}} \cdot b^{\frac{m}{n}} = (a \cdot b)^{\frac{m}{n}}$	$a^{\frac{m}{n}} : b^{\frac{m}{n}} = \left(\frac{a}{b}\right)^{\frac{m}{n}}$	
	$\left(a^{\frac{m}{n}}\right)^{\frac{p}{q}} = a^{\frac{m \cdot p}{n \cdot q}}$		

Im Falle $m = 1$ gelten folgende Spezialfälle (Wurzelgesetze):

$\sqrt[n]{a} \cdot \sqrt[n]{b} = \sqrt[n]{a \cdot b}$ $(a \geqq 0;\ b \geqq 0)$; $\frac{\sqrt[n]{a}}{\sqrt[n]{b}} = \sqrt[n]{\frac{a}{b}}$ $(a \geqq 0;\ b > 0)$

$\sqrt[q]{\sqrt[n]{a}} = \sqrt[n]{\sqrt[q]{a}} = \sqrt[n \cdot q]{a}$ $(a \geqq 0)$; $\left(\sqrt[n]{a}\right)^p = \sqrt[n]{a^p}$ $(a \geqq 0)$

Potenzen mit reellen Exponenten

Bei positiver Basis gelten die obengenannten Formeln für Potenzen mit rationalen Exponenten auch für Potenzen mit reellen Exponenten.

Logarithmen

Definition des Logarithmus:
$\log_a b$ $(a > 0;\ a \neq 1;\ b > 0)$ ist diejenige reelle Zahl c, für die gilt $a^c = b$.

$a^{\log_a b} = b$; $\log_a 1 \underset{\text{Df}}{=} 0$ $\log_1 a$ nicht erklärt; $\log_a a = 1$

Logarithmengesetze	
$\log_a (b_1 \cdot b_2) = \log_a b_1 + \log_a b_2$; $\log_a b^r = r \cdot \log_a b$ $\log_a \left(\frac{b_1}{b_2}\right) = \log_a b_1 - \log_a b_2$; $\log_a \sqrt[n]{b} = \frac{1}{n} \cdot \log_a b$	$b, b_1, b_2 > 0$; r beliebig reell, $a > 0,\ a \neq 1$

Wenn $a, b, c > 0$, aber ungleich 1, gilt:

$$\log_a c = \frac{1}{\log_c a}; \qquad \log_b c = \frac{\log_a c}{\log_a b}; \qquad \log_a c = \frac{\lg c}{\lg a}. \qquad \Big| \qquad a^x = e^{x \cdot \ln a}$$

Speziell folgt daraus: $\ln c = \frac{\lg c}{\lg e} \approx 2{,}30259 \cdot \lg c$; $\lg c = \ln c \cdot \lg e \approx 0{,}43429 \cdot \ln c$

Funktionen und Gleichungen

Abbildung	Abbildung *aus* einer Menge X *in* eine Menge Y heißt irgendeine Teilmenge F aller möglichen geordneten Paare $[x_i; y_j]$, wobei $x_i \in X$ und $y_j \in Y$ (↗ Bild 1).
Eindeutige Abbildung	Eine Abbildung heißt eindeutig, wenn jedem Element von X *genau* ein Element von Y zugeordnet wird (↗ Bild 2).
Eineindeutige Abbildung	Eine Abbildung heißt eineindeutig, wenn jedem Element von X genau ein Element von Y zugeordnet ist *und* wenn darüber hinaus jedes Element von Y genau einem Element von X zugeordnet ist (↗ Bild 3).

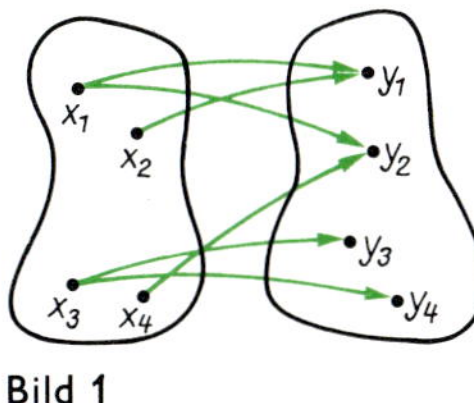

Bild 1

Bild 2

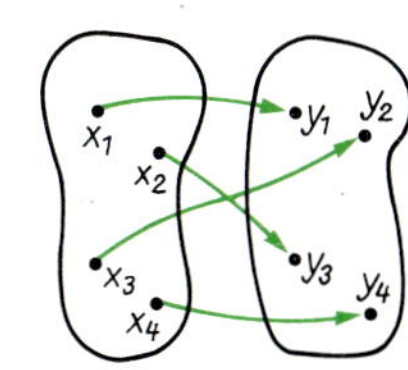

Bild 3

Funktion	Eine Menge geordneter Paare $[x; y]$ mit $x \in X$ und $y \in Y$, die eine eindeutige Abbildung der Menge X auf die Menge Y ist, heißt Funktion. X heißt Definitionsbereich, Y heißt Wertebereich der Funktion.
Nullstelle	Eine Zahl aus dem Definitionsbereich einer Funktion, der bei dieser Funktion die Zahl Null zugeordnet ist, heißt Nullstelle der Funktion.

Lineare Funktionen und Gleichungen

$y = mx + n$ (m, n beliebige Konstanten)

Definitionsbereich: $-\infty < x < +\infty$

Wertebereich: $-\infty < y < +\infty$ (falls $m \neq 0$)

Der Graph ist eine Gerade mit dem Anstieg

$$m = \frac{y_2 - y_1}{x_2 - x_1} = \tan \varphi \quad (-90° < \varphi < 90°).$$

Normalform einer linearen Gleichung mit einer Variablen:

$ax + b = 0$ (a, b konst.; $a \neq 0$).

Die Gleichung hat genau eine Lösung: $x = -\frac{b}{a}$.

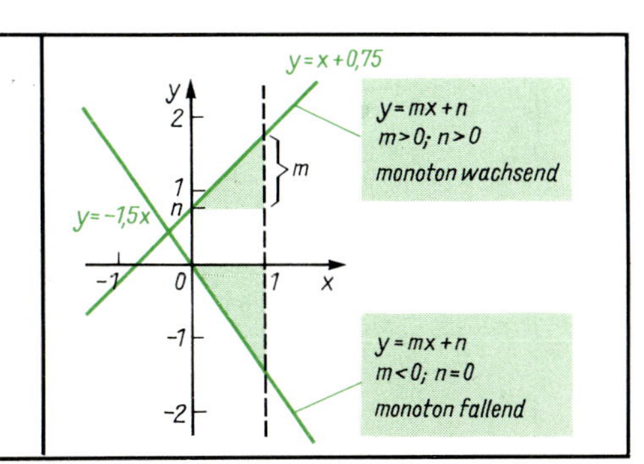

Monotoniegesetze für lineare Ungleichungen (a, b, c **reelle Zahlen**)

Wenn $a < b$, so $a + c < b + c$ und $a - c < b - c$.	Wenn $a < b$ und $c > 0$, so $a \cdot c < b \cdot c$ und $\frac{a}{c} < \frac{b}{c}$. Wenn $a < b$ und $c < 0$, so $a \cdot c > b \cdot c$ und $\frac{a}{c} > \frac{b}{c}$.

Quadratische Funktionen

Allgemeine Form: $y = ax^2 + bx + c$ (a, b, c beliebige reelle Konstanten; $a \neq 0$)
Definitionsbereich: $-\infty < x < +\infty$

Der Graph ist eine Parabel mit dem Scheitelpunkt $S\left(-\frac{b}{2a}; \frac{4ac - b^2}{4a}\right)$.

Spezialfälle quadratischer Funktionen

(1) $a = 1$, $b = 0$, $c = 0$

$y = x^2$

Definitionsbereich: $-\infty < x < +\infty$
Wertebereich: $0 \leqq y < +\infty$
Graph:
Normalparabel mit dem Scheitelpunkt $S\,(0;\,0)$

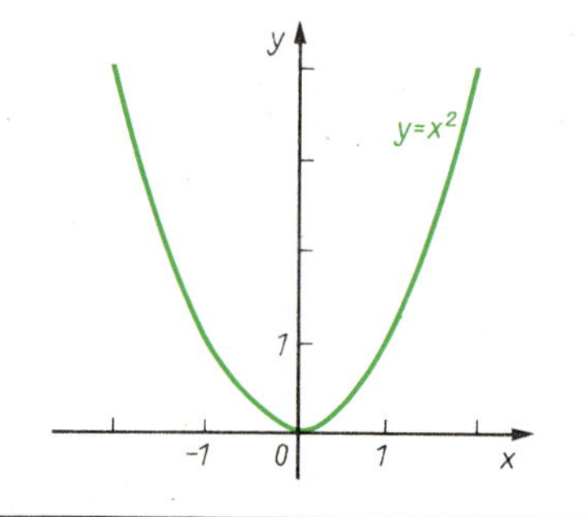

(2) $a \neq 0$, $b = 0$, $c \neq 0$

$y = ax^2 + c$

Definitionsbereich: $-\infty < x < +\infty$
Wertebereich
für $a > 0$: $c \leqq y < +\infty$
für $a < 0$: $-\infty < y \leqq c$
Graph:
Parabel mit dem Scheitelpunkt $S\,(0;\,c)$;
nach oben geöffnet im Fall $a > 0$,
nach unten geöffnet im Fall $a < 0$.

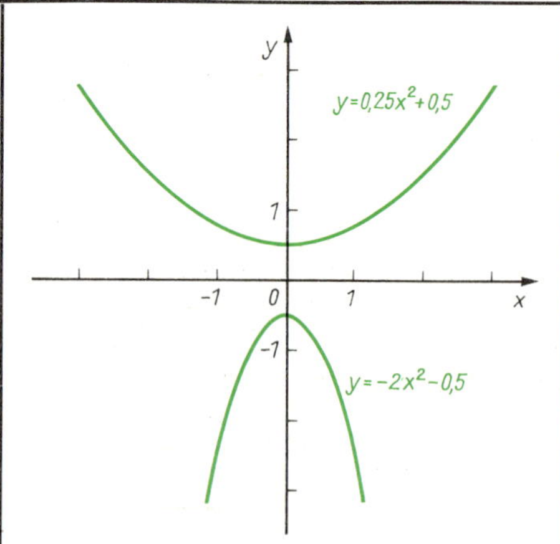

(3) $y - (x + d)^2 + e$

Definitionsbereich: $-\infty < x < +\infty$
Wertebereich: $e \leqq y < +\infty$
Graph:
Zur Normalparabel kongruente Parabel
mit dem Scheitelpunkt $S\,(-d;\,e)$

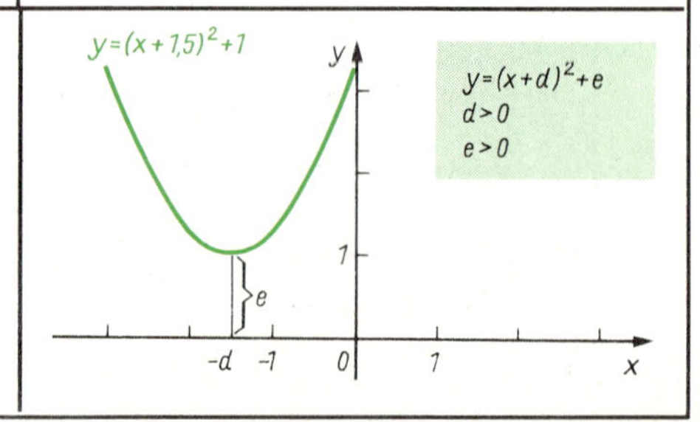

(4) $a = 1$: Normalform

$$y = x^2 + px + q$$

Definitionsbereich: $-\infty < x < +\infty$

Wertebereich: $-\frac{p^2}{4} + q \leqq y < +\infty$

Graph: Zur Normalparabel kongruente Parabel; Scheitelpunkt:

$$S\left(-\frac{p}{2};\ -\frac{p^2}{4} + q\right)$$

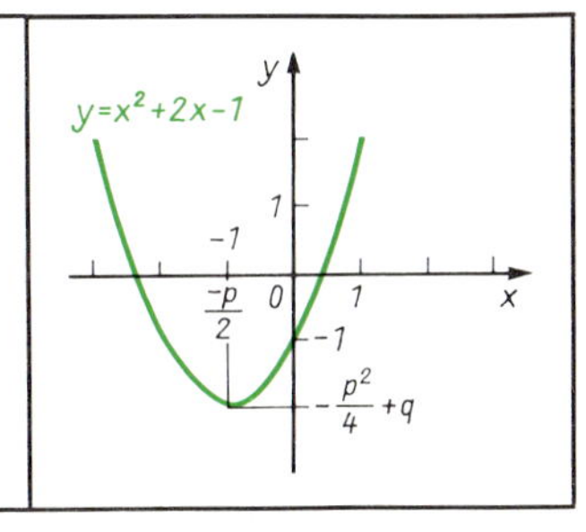

Quadratische Gleichungen

Allgemeine Form	$ax^2 + bx + c = 0$ ($a \neq 0$; a, b, c konst.)	
Normalform: $x^2 + px + q = 0$ mit $p = \frac{b}{a}$ und $q = \frac{c}{a}$	Lösungen: $x_{1,2} = -\frac{p}{2} \pm \sqrt{\left(\frac{p}{2}\right)^2 - q}$	Unter Hinzuziehung der Diskriminante $D = \left(\frac{p}{2}\right)^2 - q$ kann man feststellen: Im Falle $D > 0$ zwei reelle Lösungen, im Falle $D = 0$ eine reelle Lösung, im Falle $D < 0$ keine reelle Lösung.
Zerlegung in Linearfaktoren	Sind x_1 und x_2 Lösungen der Gleichung $x^2 + px + q = 0$, so gilt $x^2 + px + q = (x - x_1)(x - x_2)$.	
VIETAscher Wurzelsatz	Die Zahlen x_1 und x_2 sind genau dann die Lösungen der Gleichung $x^2 + px + q = 0$, wenn gilt $x_1 + x_2 = -p$ und $x_1 \cdot x_2 = q$.	

Potenzfunktionen

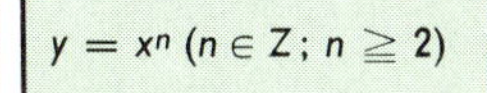

$$y = x^n \ (n \in Z;\ n \geqq 2)$$

$y = x^{2k}$ ($k = 1, 2, 3, \ldots$)
Definitionsbereich:
$-\infty < x < +\infty$
Wertebereich: $0 \leqq y < +\infty$
Es gilt: $f(-x) = f(x)$ (↗ Bild 1).

$y = x^{2k+1}$ ($k = 1, 2, 3, \ldots$)
Definitionsbereich:
$-\infty < x < +\infty$
Wertebereich: $-\infty < y < +\infty$
Es gilt: $f(-x) = -f(x)$ (↗ Bild 2).

$$y = x^1$$

(↗ Lineare Funktionen S. 37:
$y = mx + n$ mit $m = 1$ und $n = 0$)

$$y = x^0$$

Definitionsbereich: $x < 0$; $x > 0$
Wertebereich: 1

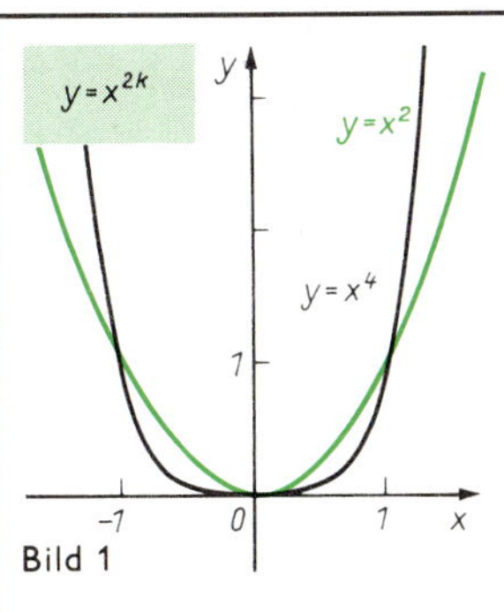

Bild 1

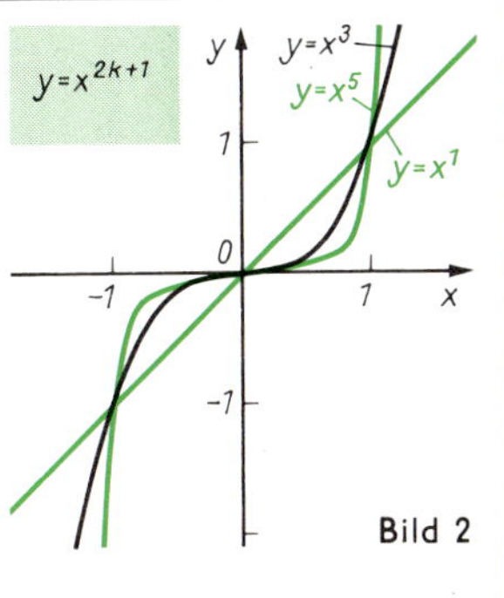

Bild 2

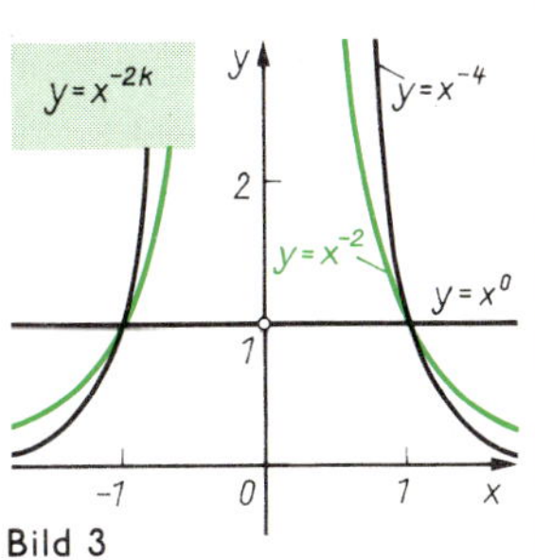

Bild 3

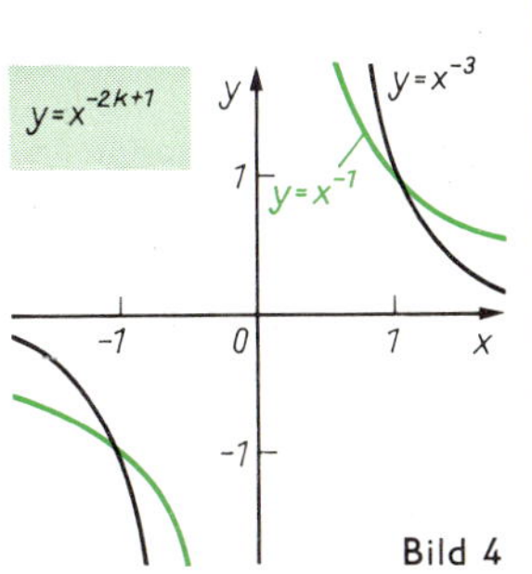

Bild 4

$y = x^n$ ($n \in Z$; $n < 0$; $x \neq 0$)

$y = x^{-2k}$ ($k = 1, 2, 3, \ldots$)
Definitionsbereich: $-\infty < x < 0$ und $0 < x < +\infty$
Wertebereich: $0 < y < +\infty$
Es gilt: $f(-x) = f(x)$ (↗ Bild 3, S. 39). Die Graphen heißen Hyperbeln.

$y = x^{-2k+1}$ ($k = 1, 2, 3, \ldots$)
Definitionsbereich:
$-\infty < x < 0$ und $0 < x < +\infty$
Wertebereich: $-\infty < y < 0$ und $0 < y < +\infty$
Es gilt: $f(-x) = -f(x)$ (↗ Bild 4, S. 39).
Die Graphen heißen Hyperbeln.

$y = x^n$ mit $n = \frac{p}{q}$ ($p, q \in Z$; $q > 0$ und p nicht Vielfaches von q) (↗ Bild 5)

$y = x^{\frac{p}{q}}$ ($p > 0$)
Definitionsbereich: $0 \leqq x < +\infty$
Wertebereich: $0 \leqq y < +\infty$

$y = x^{\frac{p}{q}}$ ($p < 0$)
Definitionsbereich: $0 < x < +\infty$
Wertebereich: $0 < y < +\infty$

Bild 5

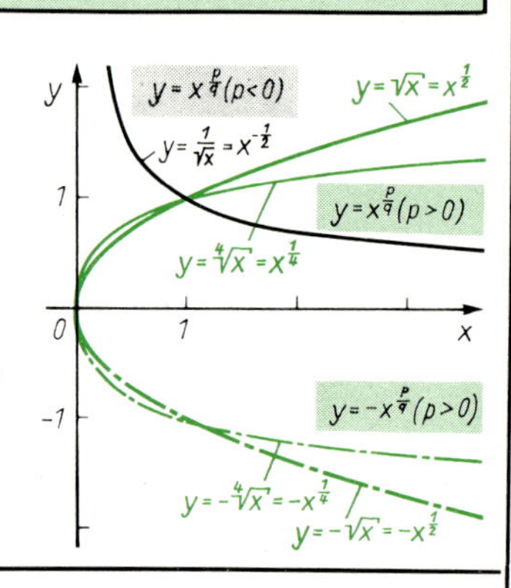

Die Funktionen $y = x^n$ mit $n = \frac{p}{q}$ ($p, q \in Z$; $q > 0$ und p nicht Vielfaches von q) gehören zu den nichtrationalen Funktionen.

Die Funktionen $y = \sqrt[n]{x}$ ($x \geqq 0$; $n \geqq 2$; $n \in N$) sind Umkehrfunktionen von $y = x^n$ ($n \geqq 2$; $x \geqq 0$); sie heißen Wurzelfunktionen.

Ganze rationale Funktionen lassen sich darstellen in der Form

$$f(x) = a_n x^n + a_{n-1} x^{n-1} + \ldots + a_2 x^2 + a_1 x + a_0 = \sum_{k=0}^{n} a_k x^k$$ (a_k reelle Konstanten; n natürlich).

Rationale Funktionen lassen sich darstellen in der Form

$$f(x) = \frac{u(x)}{v(x)} = \frac{a_n x^n + a_{n-1} x^{n-1} + \ldots + a_1 x + a_0}{b_m x^m + b_{m-1} x^{m-1} + \ldots + b_1 x + b_0} = \frac{\sum_{i=0}^{n} a_i x^i}{\sum_{k=0}^{m} b_k x^k}$$ (a_i, b_k reelle Konstanten; n, m natürlich; $b_m \neq 0$).

Exponentialfunktionen

$y = a^x$ ($a > 0$; $a \neq 1$)
Definitionsbereich: $-\infty < x < +\infty$
Wertebereich: $0 < y < +\infty$

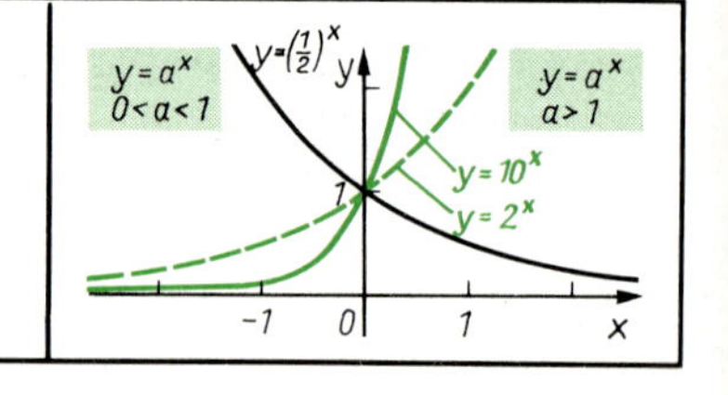

Logarithmusfunktionen

$y = \log_a x$ ($a > 0$; $a \neq 1$)
Definitionsbereich:
$0 < x < +\infty$
Wertebereich:
$-\infty < y < +\infty$

$a^x = e^{x \cdot \ln a}$

Die Logarithmusfunktion $y = \log_a x$ ist die Umkehrfunktion der Exponentialfunktion $y = a^x$.
Ihr Graph geht aus dem Graphen der Funktion $y = a^x$ durch Spiegelung an der Geraden $y = x$ hervor.

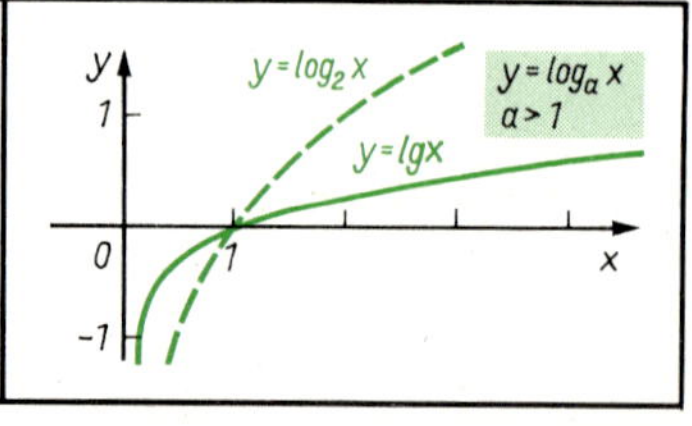

Ordnungszahl		Name	Symbol	1s	2s 2p	3s 3p 3d	4s 4p 4d 4f	5s 5p 5d 5f	6s 6p 6d	7s
Periode 6	55	Zäsium	Cs	2	2 6	2 6 10	2 6 10	2 6	1	
	56	Barium	Ba	2	2 6	2 6 10	2 6 10	2 6	2	
	57	Lanthan	La	2	2 6	2 6 10	2 6 10	2 6 1	2	
	58	Zer	Ce	2	2 6	2 6 10	2 6 10 1	2 6 1	2*	
	59	Praseodym	Pr	2	2 6	2 6 10	2 6 10 3	2 6	2	
	60	Neodym	Nd	2	2 6	2 6 10	2 6 10 4	2 6	2	
	61	Promethium	Pm	2	2 6	2 6 10	2 6 10 5	2 6	2*	
	62	Samarium	Sm	2	2 6	2 6 10	2 6 10 6	2 6	2	
	63	Europium	Eu	2	2 6	2 6 10	2 6 10 7	2 6	2	
	64	Gadolinium	Gd	2	2 6	2 6 10	2 6 10 7	2 6 1	2	
	65	Terbium	Tb	2	2 6	2 6 10	2 6 10 9	2 6	2	
	66	Dysprosium	Dy	2	2 6	2 6 10	2 6 10 10	2 6	2	
	67	Holmium	Ho	2	2 6	2 6 10	2 6 10 11	2 6	2	
	68	Erbium	Er	2	2 6	2 6 10	2 6 10 12	2 6	2	
	69	Thulium	Tm	2	2 6	2 6 10	2 6 10 13	2 6	2	
	70	Ytterbium	Yb	2	2 6	2 6 10	2 6 10 14	2 6	2	
	71	Lutetium	Lu	2	2 6	2 6 10	2 6 10 14	2 6 1	2	
	72	Hafnium	Hf	2	2 6	2 6 10	2 6 10 14	2 6 2	2	
	73	Tantal	Ta	2	2 6	2 6 10	2 6 10 14	2 6 3	2	
	74	Wolfram	W	2	2 6	2 6 10	2 6 10 14	2 6 4	2	
	75	Rhenium	Re	2	2 6	2 6 10	2 6 10 14	2 6 5	2	
	76	Osmium	Os	2	2 6	2 6 10	2 6 10 14	2 6 6	2	
	77	Iridium	Ir	2	2 6	2 6 10	2 6 10 14	2 6 7	2	
	78	Platin	Pt	2	2 6	2 6 10	2 6 10 14	2 6 9	1*	
	79	Gold	Au	2	2 6	2 6 10	2 6 10 14	2 6 10	1	
	80	Quecksilber	Hg	2	2 6	2 6 10	2 6 10 14	2 6 10	2	
	81	Thallium	Tl	2	2 6	2 6 10	2 6 10 14	2 6 10	2 1	
	82	Blei	Pb	2	2 6	2 6 10	2 6 10 14	2 6 10	2 2	
	83	Wismut	Bi	2	2 6	2 6 10	2 6 10 14	2 6 10	2 3	
	84	Polonium	Po	2	2 6	2 6 10	2 6 10 14	2 6 10	2 4	
	85	Astat	At	2	2 6	2 6 10	2 6 10 14	2 6 10	2 5	
	86	Radon	Rn	2	2 6	2 6 10	2 6 10 14	2 6 10	2 6	
Periode 7	87	Franzium	Fr	2	2 6	2 6 10	2 6 10 14	2 6 10	2 6	1
	88	Radium	Ra	2	2 6	2 6 10	2 6 10 14	2 6 10	2 6	2
	89	Aktinium	Ac	2	2 6	2 6 10	2 6 10 14	2 6 10	2 6 1	2
	90	Thorium	Th	2	2 6	2 6 10	2 6 10 14	2 6 10	2 6 2	2*
	91	Protaktinium	Pa	2	2 6	2 6 10	2 6 10 14	2 6 10 2	2 6 1	2*
	92	Uran	U	2	2 6	2 6 10	2 6 10 14	2 6 10 3	2 6 1	2*
	93	Neptunium	Np	2	2 6	2 6 10	2 6 10 14	2 6 10 4	2 6 1	2*
	94	Plutonium	Pu	2	2 6	2 6 10	2 6 10 14	2 6 10 6	2 6	2*
	95	Amerizium	Am	2	2 6	2 6 10	2 6 10 14	2 6 10 7	2 6	2*
	96	Curium	Cm	2	2 6	2 6 10	2 6 10 14	2 6 10 7	2 6 1	2*
	97	Berkelium	Bk	2	2 6	2 6 10	2 6 10 14	2 6 10 9	2 6	2*
	98	Kalifornium	Cf	2	2 6	2 6 10	2 6 10 14	2 6 10 10	2 6	2*
	99	Einsteinium	Es	2	2 6	2 6 10	2 6 10 14	2 6 10 11	2 6	2*
	100	Fermium	Fm	2	2 6	2 6 10	2 6 10 14	2 6 10 12	2 6	2*
	101	Mendelevium	Md	2	2 6	2 6 10	2 6 10 14	2 6 10 13	2 6	2*
	102	Nobelium	No	2	2 6	2 6 10	2 6 10 14	2 6 10 14	2 6	2*
	103	Lawrencium	Lr	2	2 6	2 6 10	2 6 10 14	2 6 10 14	2 6 1	2*
	104	Kurtschatovium	(Ku)	2	2 6	2 6 10	2 6 10 14	2 6 10 14	2 6 2	2*
	105	**Nielsbohrium**	**(Ns)**	**2**	**2 6**	**2 6 10**	**2 6 10 14**	**2 6 10 14**	**2 6 3**	**2***

* Bei diesen Elementen ist die Elektronenkonfiguration der Atome nicht gesichert.

Elektronenkonfiguration der Atome im Grundzustand

Periodensystem der Elemente (Langp

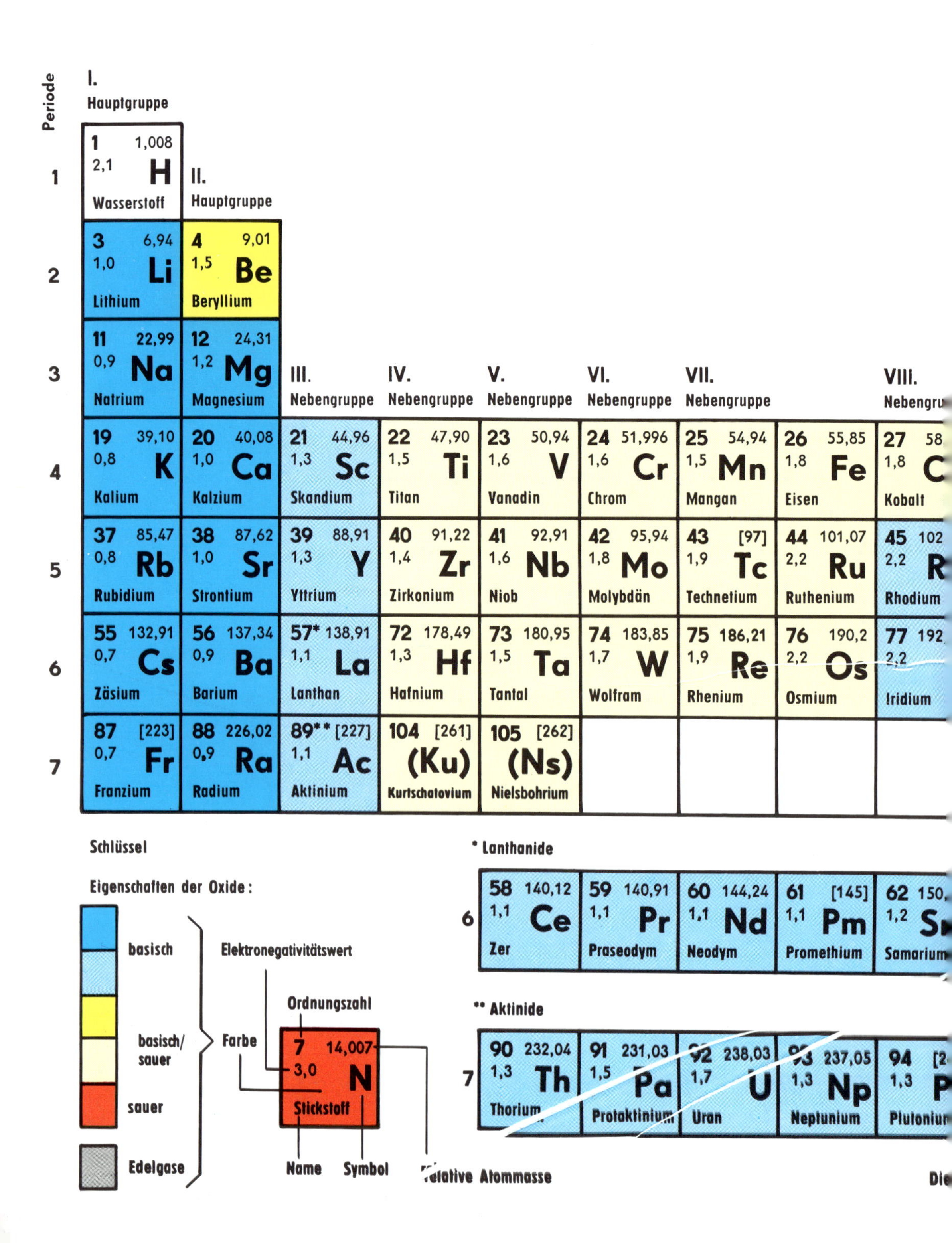

ensystem)

	I. Nebengruppe	II. Nebengruppe	III. Hauptgruppe	IV. Hauptgruppe	V. Hauptgruppe	VI. Hauptgruppe	VII. Hauptgruppe	VIII. Hauptgruppe
								2 4,003 He Helium
			5 10,81 2,0 B Bor	6 12,01 2,5 C Kohlenstoff	7 14,007 3,0 N Stickstoff	8 15,999 3,5 O Sauerstoff	9 18,998 4,0 F Fluor	10 20,18 Ne Neon
			13 26,98 1,5 Al Aluminium	14 28,09 1,8 Si Silizium	15 30,97 2,1 P Phosphor	16 32,06 2,5 S Schwefel	17 35,45 3,0 Cl Chlor	18 39,95 Ar Argon
58,70 Ni kel	29 63,55 1,9 Cu Kupfer	30 65,38 1,6 Zn Zink	31 69,72 1,6 Ga Gallium	32 72,59 1,8 Ge Germanium	33 74,92 2,0 As Arsen	34 78,96 2,4 Se Selen	35 79,90 2,8 Br Brom	36 83,80 Kr Krypton
106,44 Pd lladium	47 107,87 1,9 Ag Silber	48 112,40 1,7 Cd Kadmium	49 114,82 1,7 In Indium	50 118,69 1,8 Sn Zinn	51 121,75 1,9 Sb Antimon	52 127,60 2,1 Te Tellur	53 126,90 2,5 I Jod	54 131,30 Xe Xenon
3 195,09 2 Pt atin	79 196,97 2,4 Au Gold	80 200,59 1,9 Hg Quecksilber	81 204,37 1,8 Tl Thallium	82 207,2 1,8 Pb Blei	83 208,98 1,9 Bi Wismut	84 [209] 2,0 Po Polonium	85 [210] 2,2 At Astat	86 [222] Rn Radon

3 151,96 ,2 Eu uropium	64 157,25 1,2 Gd Gadolinium	65 158,92 1,2 Tb Terbium	66 162,50 1,2 Dy Dysprosium	67 164,93 1,2 Ho Holmium	68 167,26 1,2 Er Erbium	69 168,93 1,2 Tm Thulium	70 173,04 1,2 Yb Ytterbium	71 174,97 1,2 Lu Lutetium
95 [243] ,3 Am merizium	96 [247] 1,3 Cm Curium	97 [247] 1,3 Bk Berkelium	98 [251] 1,3 Cf Kalifornium	99 [252] 1,3 Es Einsteinium	100 [257] 1,3 Fm Fermium	101 [258] 1,3 Md Mendelevium	102 [259] 1,3 No Nobelium	103 [260] 1,3 Lr Lawrencium

ven Atommassen in eckigen Klammern beziehen sich auf das längstlebige gegenwärtig bekannte Isotop des betreffenden Elements.

Periode	Ordnungszahl	Name	Symbol	1s	2s 2p	3s 3p 3d	4s 4p 4d 4f	5s 5p 5d 5f	6s 6p 6d
Periode 1	1	Wasserstoff	H	1					
	2	Helium	He	2					
Periode 2	3	Lithium	Li	2	1				
	4	Beryllium	Be	2	2				
	5	Bor	B	2	2 1				
	6	Kohlenstoff	C	2	2 2				
	7	Stickstoff	N	2	2 3				
	8	Sauerstoff	O	2	2 4				
	9	Fluor	F	2	2 5				
	10	Neon	Ne	2	2 6				
Periode 3	11	Natrium	Na	2	2 6	1			
	12	Magnesium	Mg	2	2 6	2			
	13	Aluminium	Al	2	2 6	2 1			
	14	Silizium	Si	2	2 6	2 2			
	15	Phosphor	P	2	2 6	2 3			
	16	Schwefel	S	2	2 6	2 4			
	17	Chlor	Cl	2	2 6	2 5			
	18	Argon	Ar	2	2 6	2 6			
Periode 4	19	Kalium	K	2	2 6	2 6	1		
	20	Kalzium	Ca	2	2 6	2 6	2		
	21	Skandium	Sc	2	2 6	2 6 1	2		
	22	Titan	Ti	2	2 6	2 6 2	2		
	23	Vanadin	V	2	2 6	2 6 3	2		
	24	Chrom	Cr	2	2 6	2 6 5	1		
	25	Mangan	Mn	2	2 6	2 6 5	2		
	26	Eisen	Fe	2	2 6	2 6 6	2		
	27	Kobalt	Co	2	2 6	2 6 7	2		
	28	Nickel	Ni	2	2 6	2 6 8	2		
	29	Kupfer	Cu	2	2 6	2 6 10	1		
	30	Zink	Zn	2	2 6	2 6 10	2		
	31	Gallium	Ga	2	2 6	2 6 10	2 1		
	32	Germanium	Ge	2	2 6	2 6 10	2 2		
	33	Arsen	As	2	2 6	2 6 10	2 3		
	34	Selen	Se	2	2 6	2 6 10	2 4		
	35	Brom	Br	2	2 6	2 6 10	2 5		
	36	Krypton	Kr	2	2 6	2 6 10	2 6		
Periode 5	37	Rubidium	Rb	2	2 6	2 6 10	2 6	1	
	38	Strontium	Sr	2	2 6	2 6 10	2 6	2	
	39	Yttrium	Y	2	2 6	2 6 10	2 6 1	2	
	40	Zirkon	Zr	2	2 6	2 6 10	2 6 2	2	
	41	Niob	Nb	2	2 6	2 6 10	2 6 4	1	
	42	Molybdän	Mo	2	2 6	2 6 10	2 6 5	1	
	43	Technetium	Tc	2	2 6	2 6 10	2 6 5	2*	
	44	Ruthenium	Ru	2	2 6	2 6 10	2 6 7	1	
	45	Rhodium	Rh	2	2 6	2 6 10	2 6 8	1	
	46	Palladium	Pd	2	2 6	2 6 10	2 6 10		
	47	Silber	Ag	2	2 6	2 6 10	2 6 10	1	
	48	Kadmium	Cd	2	2 6	2 6 10	2 6 10	2	
	49	Indium	In	2	2 6	2 6 10	2 6 10	2 1	
	50	Zinn	Sn	2	2 6	2 6 10	2 6 10	2 2	
	51	Antimon	Sb	2	2 6	2 6 10	2 6 10	2 3	
	52	Tellur	Te	2	2 6	2 6 10	2 6 10	2 4	
	53	Jod	I	2	2 6	2 6 10	2 6 10	2 5	
	54	Xenon	Xe	2	2 6	2 6 10	2 6 10	2 6	

Exponentialgleichungen

$a^x = b \ (a > 0;\ a \neq 1;\ b > 0)$	Lösung: $x = \frac{\lg b}{\lg a} = \frac{\ln b}{\ln a} = \frac{\log_c b}{\log_c a}$

Winkelfunktionen

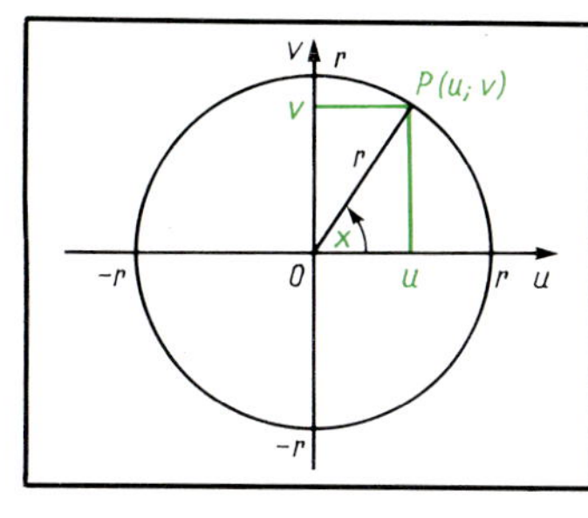

$y = \sin x \underset{\text{Df}}{=} \frac{v}{r}$ $(x \in R;\ r > 0;\ r, v \in R;\ -r \leqq v \leqq r)$	$y = \tan x \underset{\text{Df}}{=} \frac{\sin x}{\cos x} = \frac{v}{u}$ $\left(x \in R;\ x \neq (2k+1) \cdot \frac{\pi}{2};\ k \in Z\right)$
$y = \cos x \underset{\text{Df}}{=} \frac{u}{r}$ $(x \in R;\ r > 0;\ r, u \in R;\ -r \leqq u \leqq r)$	$y = \cot x \underset{\text{Df}}{=} \frac{\cos x}{\sin x} = \frac{u}{v}$ $(x \in R;\ x \neq k \cdot \pi;\ k \in Z)$

Funktion	Definitionsbereich	Wertebereich	Periodizität ($k \in Z$)
Sinus	$-\infty < x < +\infty$	$-1 \leqq y \leqq 1$	$\sin x = \sin(x + k \cdot 2\pi)$
Kosinus	$-\infty < x < +\infty$	$-1 \leqq y \leqq 1$	$\cos x = \cos(x + k \cdot 2\pi)$
Tangens	$-\infty < x < +\infty$; $x \neq \frac{\pi}{2} + k \cdot \pi \ (k \in Z)$	$-\infty < y < +\infty$	$\tan x = \tan(x + k \cdot \pi)$
Kotangens	$-\infty < x < +\infty$; $x \neq k \cdot \pi \ (k \in Z)$	$-\infty < y < +\infty$	$\cot x = \cot(x + k \cdot \pi)$

Komplementwinkelbeziehungen

$\sin\left(\frac{\pi}{2} - x\right) = \cos x$ $\quad$ $\tan\left(\frac{\pi}{2} - x\right) = \cot x$

$\cos\left(\frac{\pi}{2} - x\right) = \sin x$ $\quad$ $\cot\left(\frac{\pi}{2} - x\right) = \tan x$

(für tan und cot:) $x \neq k \cdot \frac{\pi}{2} \ (k \in Z)$

Spezielle Funktionswerte

x	0	$\frac{\pi}{6}$	$\frac{\pi}{4}$	$\frac{\pi}{3}$	$\frac{\pi}{2}$	$\frac{2\pi}{3}$	$\frac{3\pi}{4}$	$\frac{5\pi}{6}$	π	$\frac{3\pi}{2}$	2π
	0°	30°	45°	60°	90°	120°	135°	150°	180°	270°	360°
$\sin x$	0	$\frac{1}{2}$	$\frac{1}{2}\sqrt{2}$	$\frac{1}{2}\sqrt{3}$	1	$\frac{1}{2}\sqrt{3}$	$\frac{1}{2}\sqrt{2}$	$\frac{1}{2}$	0	-1	0
$\cos x$	1	$\frac{1}{2}\sqrt{3}$	$\frac{1}{2}\sqrt{2}$	$\frac{1}{2}$	0	$-\frac{1}{2}$	$-\frac{1}{2}\sqrt{2}$	$-\frac{1}{2}\sqrt{3}$	-1	0	1
$\tan x$	0	$\frac{1}{3}\sqrt{3}$	1	$\sqrt{3}$	—	$-\sqrt{3}$	-1	$-\frac{1}{3}\sqrt{3}$	0	—	0
$\cot x$	—	$\sqrt{3}$	1	$\frac{1}{3}\sqrt{3}$	0	$-\frac{1}{3}\sqrt{3}$	-1	$-\sqrt{3}$	—	0	—

Quadrantenbeziehungen (für alle x mit $0° < x < 90°$ und für $\bar{x}$ beliebig reell)

- $\sin 200° = \sin(180° + 20°) = -\sin 20°$
- $\cos(-30°) = \cos 30°$

	negative Winkel	I. Quadrant	II. Quadrant	III. Quadrant	IV. Quadrant
	$(-\bar{x})$	x	$(180° - x)$	$(180° + x)$	$(360° - x)$
sin	$-\sin \bar{x}$	$\sin x$	$\sin x$	$-\sin x$	$-\sin x$
cos	$\cos \bar{x}$	$\cos x$	$-\cos x$	$-\cos x$	$\cos x$

- $\tan 200° = \tan(180° + 20°) = \tan 20°$
- $\cot(-130°) = -\cot 130° = -\cot(180° - 50°) = -(-\cot 50°) = \cot 50°$

	negative Winkel	I. Quadrant	II. Quadrant	III. Quadrant	IV. Quadrant
	$(-\bar{x})$	x	$(180° - x)$	$(180° + x)$	$(360° - x)$
tan	$-\tan \bar{x}$	$\tan x$	$-\tan x$	$\tan x$	$-\tan x$
cot	$-\cot \bar{x}$	$\cot x$	$-\cot x$	$\cot x$	$-\cot x$

$y = a \cdot \sin bx$ $(a, b \in R;\ a \neq 0;\ b \neq 0)$

Nullstellen: $x = k\frac{\pi}{b}$ $(k \in Z)$

Wertebereich falls $a > 0$: $-a \leqq y \leqq a$

kleinste Periode: $\frac{2\pi}{|b|}$

$y = a \cdot \sin(bx + c) = a \cdot \sin\left[b\left(x + \frac{c}{b}\right)\right]$ $(a, b, c \in R;\ a \neq 0;\ b \neq 0)$

Nullstellen: $x = \frac{k\pi - c}{b}$ $(k \in Z)$

Wertebereich falls $a > 0$: $-a \leqq y \leqq a$

kleinste Periode: $\frac{2\pi}{|b|}$

$y = a \cdot \cos bx$ $(a, b \in R;\ a \neq 0;\ b \neq 0)$

Nullstellen: $x = \frac{k\pi + \frac{\pi}{2}}{b} = \frac{k \cdot 2\pi + \pi}{2b}$ $(k \in Z)$

Wertebereich falls $a > 0$: $-a \leqq y \leqq a$

kleinste Periode: $\frac{2\pi}{|b|}$

$y = a \cdot \cos(bx + c) = a \cdot \cos\left[b\left(x + \frac{c}{b}\right)\right]$ $(a, b, c \in R;\ a \neq 0;\ b \neq 0)$

Nullstellen: $x = \frac{k\pi + \frac{\pi}{2} - c}{b} = \frac{2k\pi + \pi - 2c}{2b}$ $(k \in Z)$

Wertebereich falls $a > 0$: $-a \leqq y \leqq a$

kleinste Periode: $\frac{2\pi}{|b|}$

Darstellung einer Winkelfunktion durch eine andere Winkelfunktion desselben Winkels

$\sin^2 x + \cos^2 x = 1 \quad (x \in R)$ $\qquad \tan x \cdot \cot x = 1 \quad \left(x \in R;\ x \neq k \cdot \frac{\pi}{2},\quad k \in Z\right)$

	$\sin^2 x$	$\cos^2 x$	$\tan^2 x$	$\cot^2 x$
$\sin^2 x$	—	$1 - \cos^2 x$	$\frac{\tan^2 x}{1 + \tan^2 x}$	$\frac{1}{1 + \cot^2 x}$
$\cos^2 x$	$1 - \sin^2 x$	—	$\frac{1}{1 + \tan^2 x}$	$\frac{\cot^2 x}{1 + \cot^2 x}$
$\tan^2 x$	$\frac{\sin^2 x}{1 - \sin^2 x}$	$\frac{1 - \cos^2 x}{\cos^2 x}$	—	$\frac{1}{\cot^2 x}$
$\cot^2 x$	$\frac{1 - \sin^2 x}{\sin^2 x}$	$\frac{\cos^2 x}{1 - \cos^2 x}$	$\frac{1}{\tan^2 x}$	—

Additionstheoreme

$$\sin(\alpha + \beta) = \sin\alpha \cos\beta + \cos\alpha \sin\beta$$
$$\cos(\alpha + \beta) = \cos\alpha \cos\beta - \sin\alpha \sin\beta$$
$$\tan(\alpha + \beta) = \frac{\tan\alpha + \tan\beta}{1 - \tan\alpha \cdot \tan\beta}$$
$$\cot(\alpha + \beta) = \frac{\cot\alpha \cdot \cot\beta - 1}{\cot\alpha + \cot\beta}$$

$$\sin(\alpha - \beta) = \sin\alpha \cos\beta - \cos\alpha \sin\beta$$
$$\cos(\alpha - \beta) = \cos\alpha \cos\beta + \sin\alpha \sin\beta$$
$$\tan(\alpha - \beta) = \frac{\tan\alpha - \tan\beta}{1 + \tan\alpha \cdot \tan\beta}$$
$$\cot(\alpha - \beta) = \frac{\cot\alpha \cdot \cot\beta + 1}{\cot\beta - \cot\alpha}$$

Summen und Differenzen

$$\sin\alpha + \sin\beta = 2 \cdot \sin\frac{\alpha + \beta}{2} \cos\frac{\alpha - \beta}{2}$$
$$\cos\alpha + \cos\beta = 2 \cdot \cos\frac{\alpha + \beta}{2} \cos\frac{\alpha - \beta}{2}$$

$$\sin\alpha - \sin\beta = 2 \cdot \cos\frac{\alpha + \beta}{2} \sin\frac{\alpha - \beta}{2}$$
$$\cos\alpha - \cos\beta = -2 \cdot \sin\frac{\alpha + \beta}{2} \sin\frac{\alpha - \beta}{2}$$

Funktionen des doppelten und dreifachen Winkels

$$\sin 2\alpha = 2 \cdot \sin\alpha \cos\alpha = \frac{2 \cdot \tan\alpha}{1 + \tan^2\alpha}$$
$$\cos 2\alpha = \cos^2\alpha - \sin^2\alpha = 2 \cdot \cos^2\alpha - 1$$
$$= 1 - 2\sin^2\alpha = \frac{1 - \tan^2\alpha}{1 + \tan^2\alpha}$$
$$\sin 3\alpha = 3 \cdot \sin\alpha - 4 \cdot \sin^3\alpha$$

$$\tan 2\alpha = \frac{2 \cdot \tan\alpha}{1 - \tan^2\alpha} \quad (\tan^2\alpha \neq 1)$$
$$\cot 2\alpha = \frac{\cot^2\alpha - 1}{2 \cdot \cot\alpha}$$
$$= \frac{\cot\alpha - \tan\alpha}{2} \quad (\cot\alpha \neq 0)$$
$$\cos 3\alpha = 4 \cdot \cos^3\alpha - 3 \cdot \cos\alpha$$

Zahlenfolgen; Grenzwerte

Zahlenfolge	Eine Zahlenfolge ist eine Funktion mit einer Menge natürlicher Zahlen als Definitionsbereich und einer Menge reeller Zahlen als Wertebereich. Symbol: $(a_k) = (a_1;\ a_2;\ a_3;\ \ldots;\ a_k;\ldots)$
Partialsumme	$s_n = a_1 + a_2 + \ldots + a_n = \sum\limits_{k=1}^{n} a_k$ heißt n-te Partialsumme der Folge (a_k).
Partialsummenfolge	Die Folge $(s_k) = (s_1;\ s_2;\ s_3;\ \ldots;\ s_k;\ \ldots)$ heißt Partialsummenfolge für (a_k).
Konstante Zahlenfolge	Eine Zahlenfolge (a_k) heißt konstant, wenn sämtliche Glieder einander gleich sind, wenn also für alle k gilt: $a_{k+1} = a_k$.
Monotonie	Eine Zahlenfolge (a_k) heißt monoton wachsend $\underset{Df}{=}$ Für alle k gilt: $a_{k+1} \geqq a_k$. Eine Zahlenfolge (a_k) heißt monoton fallend $\underset{Df}{=}$ Für alle k gilt: $a_{k+1} \leqq a_k$.
Schranke einer Zahlenfolge	Eine reelle Zahl S heißt obere Schranke der Folge (a_k) $\underset{Df}{=}$ Für alle natürlichen Zahlen k gilt $a_k \leqq S$. Eine reelle Zahl S heißt untere Schranke der Folge (a_k) $\underset{Df}{=}$ Für alle natürlichen Zahlen k gilt: $a_k \geqq S$.
Grenze einer Zahlenfolge	Die reelle Zahl G heißt obere Grenze einer Folge (a_k), wenn sie die kleinste aller oberen Schranken ist; sie heißt untere Grenze, wenn sie die größte aller unteren Schranken ist.
ε-Umgebung	Ist a eine beliebige reelle Zahl und ε eine beliebige positive reelle Zahl, so nennt man das offene Intervall $(a - \varepsilon,\ a + \varepsilon)$ die ε-Umgebung von a.
Grenzwert einer Folge	Die Zahl g ist Grenzwert der Zahlenfolge (a_n) $\underset{Df}{=}$ Bei jedem positiven ε gilt für fast alle n: a_n liegt in der ε-Umgebung von g, d. h., für fast alle n ist $g - \varepsilon < a_n < g + \varepsilon$ bzw. $\lvert a_n - g \rvert < \varepsilon$.
Prinzip der vollständigen Induktion	Die Aussage „Für alle natürlichen Zahlen $n \geqq n_0$ gilt $\mathbf{H}(n)$“ ist wahr, wenn gilt: 1. $\mathbf{H}(n)$ ist richtig für $n = n_0$; 2. Aus der Gültigkeit von $\mathbf{H}(n)$ für $n = k$ folgt für beliebiges k die Gültigkeit für $n = k + 1$.

Arithmetische Folgen

$a,\ a + d,\ a + 2d,\ \ldots,\ a + (k - 1)\,d,\ \ldots$

$a_k = a_1 + (k - 1)\,d$ mit $k = 1, 2, 3, \ldots$

$a_{k+1} - a_k = d$

$$\text{Summe: } s_n = \sum_{k=1}^{n} a_k = \frac{n}{2}(a_1 + a_n) = n \cdot a_1 + \frac{n(n-1)\,d}{2}$$

Geometrische Folgen

$a,\ aq,\ aq^2,\ \ldots,\ aq^{n-1},\ \ldots$

$a_k = a_1 \cdot q^{k-1}$ mit $k = 1, 2, 3, \ldots$

$a_{k+1} : a_k = q \quad (a_k,\ q \neq 0)$

$$\text{Summe: } s_n = \sum_{k=1}^{n} a_k = a_1 \frac{q^n - 1}{q - 1} = a_1 \frac{1 - q^n}{1 - q} = \frac{a_n q - a_1}{q - 1} = \frac{a_1 - a_n q}{1 - q}$$

jeweils falls $q \neq 1$

$s_n = a_1 n$, falls $q = 1$

Einige häufig auftretende Summen

Natürliche Zahlen	$1+2+3+\ldots+n = \sum_{k=1}^{n} k = \frac{n}{2}(n+1)$
Gerade Zahlen	$2+4+6+\ldots+2n = \sum_{k=1}^{n} 2k = n(n+1)$
Ungerade Zahlen	$1+3+5+\ldots+2n-1 = \sum_{k=1}^{n} (2k-1) = n^2$
Quadratzahlen	$1^2+2^2+3^2+\ldots+n^2 = \sum_{k=1}^{n} k^2 = \frac{n(n+1)(2n+1)}{6}$
Zweierpotenzen	$2^0+2^1+2^2+\ldots+2^n = \sum_{k=0}^{n} 2^k = 2^{n+1}-1$
Potenzen einer reellen Zahl z ($z \neq 0$; $z \neq 1$)	$z^0+z^1+z^2+\ldots+z^n = \sum_{k=0}^{n} z^k = \frac{z^{n+1}-1}{z-1}$
	$\frac{1}{1\cdot 2}+\frac{1}{2\cdot 3}+\frac{1}{3\cdot 4}+\ldots+\frac{1}{n(n+1)} = \sum_{k=1}^{n} \frac{1}{k(k+1)} = \frac{n}{n+1}$

Grenzwertsätze für Zahlenfolgen

Sind die Folgen (a_n) und (b_n) konvergent, so gilt:	$\lim_{n\to\infty}(a_n \pm b_n) = \lim_{n\to\infty} a_n \pm \lim_{n\to\infty} b_n$ $\lim_{n\to\infty}(a_n \cdot b_n) = \lim_{n\to\infty} a_n \cdot \lim_{n\to\infty} b_n$ $\lim_{n\to\infty} \frac{a_n}{b_n} = \frac{\lim_{n\to\infty} a_n}{\lim_{n\to\infty} b_n}$; falls $\lim_{n\to\infty} b_n \neq 0$

Grenzwertsätze für Funktionen (↗ auch S. 46)

Haben die Funktionen u und v an der Stelle x_0 einen Grenzwert, so gilt:	$\lim_{x\to x_0}[u(x) \pm v(x)] = \lim_{x\to x_0} u(x) \pm \lim_{x\to x_0} v(x)$ $\lim_{x\to x_0}[u(x) \cdot v(x)] = \lim_{x\to x_0} u(x) \cdot \lim_{x\to x_0} v(x)$ $\lim_{x\to x_0} \frac{u(x)}{v(x)} = \frac{\lim_{x\to x_0} u(x)}{\lim_{x\to x_0} v(x)}$, falls $\lim_{x\to x_0} v(x) \neq 0$

Kombinatorik

	Untersuchte Problemstellung
Permutationen	Wie viele verschiedene geordnete Mengen zu n Elementen lassen sich aus n Elementen bilden? (Dabei sollen alle betrachteten Elemente voneinander verschieden sein.) $P_n = n!$
Variationen	Wie viele verschiedene *geordnete* Teilmengen mit k Elementen ($1 \leqq k \leqq n$) lassen sich aus n Elementen bilden? (Keines der n Elemente soll mehrmals auftreten.) $V_n^k = \frac{n!}{(n-k)!}$ (lies: Variationen von n Elementen zur k-ten Klasse)

Kombinationen	Wie viele verschiedene Teilmengen mit k Elementen ($1 \leq k \leq n$) lassen sich aus n Elementen bilden, wenn man die Reihenfolge der Elemente unberücksichtigt läßt? (Keines der n Elemente soll mehrmals auftreten.) $C_n^k = \frac{n!}{k!\,(n-k)!} = \binom{n}{k}$ (lies: Kombinationen von n Elementen zur k-ten Klasse)
Fakultät	$n! \underset{\text{Df}}{=} 1 \cdot 2 \cdot 3 \cdot \ldots \cdot (n-2) \cdot (n-1) \cdot n$; $1! \underset{\text{Df}}{=} 1$; $0! \underset{\text{Df}}{=} 1$

n	2	3	4	5	6	7	8	9	10
$n!$	2	6	24	120	720	5040	40320	362 880	3 628 800

n	11	12	13	14	15
$n!$	39 916 800	479 001 600	6 227 020 800	$8{,}7178 \cdot 10^{10}$	$1{,}3077 \cdot 10^{12}$

Binomialkoeffizienten

$$\binom{n}{k} \underset{\text{Df}}{=} \frac{n!}{k!\,(n-k)!} = \frac{n \cdot (n-1) \cdot (n-2) \cdot \ldots \cdot [n-(k-1)]}{k!} \quad \text{für } 0 \leq k \leq n$$

$$\binom{n}{0} \underset{\text{Df}}{=} 1; \qquad \binom{n}{k} = \binom{n}{n-k}; \qquad \binom{n}{k} + \binom{n}{k+1} = \binom{n+1}{k+1}$$

Wenn $a, b \in R$ und $n \in N$, so gilt: PASCALsches Dreieck

	PASCALsches Dreieck
$(a \pm b)^0 = 1$	1
$(a \pm b)^1 = a \pm b$	1 1
$(a \pm b)^2 = a^2 \pm 2ab + b^2$	1 2 1
$(a \pm b)^3 = a^3 \pm 3a^2b + 3ab^2 \pm b^3$	1 3 3 1
$(a \pm b)^4 = a^4 \pm 4a^3b + 6a^2b^2 \pm 4ab^3 + b^4$	1 4 6 4 1
$(a \pm b)^5 = a^5 \pm 5a^4b + 10a^3b^2 \pm 10a^2b^3 + 5ab^4 \pm b^5$	1 5 10 10 5 1
$(a \pm b)^6$	1 6 15 20 15 6 1

$(a+b)^n =$

$$\binom{n}{0} a^n + \binom{n}{1} a^{n-1} b + \binom{n}{2} a^{n-2} b^2 + \ldots + \binom{n}{n-1} ab^{n-1} + \binom{n}{n} b^n$$

$a^2 - b^2 = (a+b)(a-b)$

$a^n - b^n =$

$(a-b)(a^{n-1} + a^{n-2}b + a^{n-3}b^2 + \ldots + a^2b^{n-3} + ab^{n-2} + b^{n-1})$, $(n = 1, 2, \ldots)$

Differentialrechnung

Grenzwert einer Funktion	Es sei f eine Funktion, x_0 und g seien reelle Zahlen; f sei in einer Umgebung von x_0 (evtl. unter Ausschluß dieser Stelle x_0) definiert. Die Funktion f hat an der Stelle x_0 den Grenzwert g, also $\lim\limits_{x \to x_0} f(x) = g$ $\underset{\text{Df}}{=}$ Für jede gegen x_0 konvergierende Folge (x_n) konvergiert die Folge $(f(x_n))$ der zugehörigen Funktionswerte gegen g. (Dabei sind nur solche Folgen (x_n) zugelassen, deren Glieder von x_0 verschieden sind und in der gewählten Umgebung von x_0 liegen.)
Stetigkeit	Die Funktion f ist an der Stelle x_0 stetig $\underset{\text{Df}}{=}$ (1) f ist an der Stelle x_0 definiert, (2) $\lim\limits_{x \to x_0} f(x)$ existiert, (3) $\lim\limits_{x \to x_0} f(x) = f(x_0)$.

Differenzenquotient	Es sei f eine Funktion, die in einer Umgebung U von x_0 definiert ist. Man nennt die Funktion D mit $D(h) = \frac{f(x_0 + h) - f(x_0)}{h}$, $(h \neq 0;\ x_0 + h \in U)$ den Differenzenquotient der Funktion f an der Stelle x_0.
Differenzierbarkeit	Es sei f eine Funktion x_0 eine reelle Zahl; f sei in einer Umgebung von x_0 definiert. Die Funktion f ist an der Stelle x_0 differenzierbar $\underset{\text{Df}}{=}$ Der Grenzwert (Differentialquotient) $\lim\limits_{h \to 0} \frac{f(x_0 + h) - f(x_0)}{h} = f'(x_0)$ existiert.
Lokales Extremum	Es sei f eine Funktion, x_0 eine reelle Zahl; f sei in einer Umgebung von x_0 definiert. Die Funktion f hat an der Stelle x_0 ein lokales Maximum (Minimum). $\underset{\text{Df}}{=}$ Es gibt ein $\varepsilon > 0$ derart, daß für jedes x mit $x \neq x_0$ und $x_0 - \varepsilon < x < x_0 + \varepsilon$ gilt $f(x) < f(x_0)$ [bzw. $f(x) > f(x_0)$].
Nullstellen und Polstellen rationaler Funktionen	Eine rationale Funktion $f(x) = \frac{u(x)}{v(x)}$ hat an der Stelle x_0 eine Nullstelle, wenn $u(x_0) = 0$ und $v(x_0) \neq 0$, eine Polstelle, wenn $u(x_0) \neq 0$ und $v(x_0) = 0$. An einer Polstelle ist die Funktion $f(x)$ nicht definiert. Die Gerade $x = x_0$ wird in diesem Fall Polasymptote genannt.

Differentiationsregeln

Falls die Funktionen u und v differenzierbar sind, so gilt:

Konstante Funktion (c eine Konstante)	$y = c$ $y' = 0$	Produkt	$y = u \cdot v$ $y' = u'v + uv'$
Konstanter Faktor (c eine Konstante)	$y = c \cdot v$ $y' = c \cdot v'$	Quotient	$y = \frac{u}{v}\ (v \neq 0)$ $y' = \frac{u'v - uv'}{v^2}$
Summe, Differenz	$y = u \pm v$ $y' = u' \pm v'$		
Ist f eine eineindeutige Funktion, die in einer Umgebung der Stelle x_0 differenzierbar ist, und gilt $f'(x_0) \neq 0$, so ist die zu f inverse Funktion $\bar{f}$ an der Stelle $y_0 = f(x_0)$ differenzierbar, und es ist $\bar{f}'(y_0) = \frac{1}{f'(x_0)}$.		Kettenregel	$f(x) = u[v(x)]$ $f'(x) = u'[v(x)] \cdot v'(x)$ andere Schreibweise $\frac{dy}{dx} = \frac{dy}{dz} \cdot \frac{dz}{dx}$ mit $y = u(z)$ und $z = v(x)$

Hinreichende Bedingungen für lokale Extrema

f sei eine an der Stelle x_0 zweimal differenzierbare Funktion, und f'' sei an der Stelle x_0 stetig. Dann gilt:

Wenn $f'(x_0) = 0$ und
$f''(x_0) < 0$,

so hat f an der Stelle x_0 ein lokales Maximum.

Wenn $f'(x_0) = 0$ und
$f''(x_0) > 0$,

so hat f an der Stelle x_0 ein lokales Minimum.

Ableitung einiger Funktionen

Funktion	Ableitung	Funktion	Ableitung
$y = x^n$ (n beliebig reell, $x > 0$ bzw. $n \geqq 0$ ganz, x beliebig reell)	$y' = n \cdot x^{n-1}$ $y'' = n(n-1)x^{n-2}$ $y^{(k)} = \frac{n!}{(n-k)!} x^{n-k} \quad (k \leq n)$ $= 0 \quad (k > n)$	$y = e^x$	$y' = e^x$
$y = \sin x$	$y' = \cos x$	$y = a^x \; (a > 0)$	$y' = a^x \cdot \ln a = \frac{a^x}{\log_a e}$
$y = \cos x$	$y' = -\sin x$	$y = \ln x$ $(x > 0)$	$y' = \frac{1}{x}$ $y'' = -\frac{1}{x^2} = -\frac{1!}{x^2}$ $y''' = \frac{2!}{x^3}$ $y^{(n)} = (-1)^{n-1} \frac{(n-1)!}{x^n}$
$y = \tan x$ $\left(x \neq \frac{\pi}{2} + k\pi\right)$	$y' = \frac{1}{\cos^2 x}$ $= 1 + \tan^2 x$	$y = \log_a x$ $(a > 0;\; a \neq 1;\; x > 0)$	$y' = \frac{1}{x \cdot \ln a}$ $y'' = -\frac{1!}{x^2 \cdot \ln a}$ $y^{(n)} = (-1)^{n-1} \frac{(n-1)!}{x^n \cdot \ln a}$
$y = \cot x$ $(x \neq k\pi)$	$y' = -\frac{1}{\sin^2 x}$ $= -(1 + \cot^2 x)$		

Integralrechnung

Stammfunktion	Es seien f und F in einem Intervall I definierte Funktionen, F sei in I differenzierbar. F heißt eine Stammfunktion der Funktion f im Intervall I, wenn für jedes x aus I gilt: $F'(x) = f(x)$.
Unbestimmtes Integral	Unter dem unbestimmten Integral $\int f(x)\,dx$ einer im Intervall I definierten Funktion f versteht man die Menge aller Stammfunktionen von f in I: $\int f(x)\,dx = F(x) + c; \qquad [\int f(x)\,dx]' = f(x)$.

Regeln für das Aufsuchen von Stammfunktionen

Funktion	Stammfunktion	Regel
$k \cdot f \; (k \neq 0;\; k$ konst.)	$\int k \cdot f(x)\,dx = k \cdot \int f(x)\,dx$	Ist F eine Stammfunktion von f, so ist $k \cdot F$ eine Stammfunktion der Funktion $k \cdot f$.
$f \pm g$	$\int [f(x) \pm g(x)]\,dx$ $= \int f(x)\,dx \pm \int g(x)\,dx$	Ist F eine Stammfunktion von f und G eine Stammfunktion von g, dann ist $F \pm G$ eine Stammfunktion der Funktion $f \pm g$.
$g(x) = f[z(x)]$ mit $z(x) = ax + b$ (Verkettung)	$\int g(x)\,dx = \frac{1}{a} \int f(t)\,dt$ mit $t = ax + b$	Ist F eine Stammfunktion von f, so ist $G(x) = \frac{1}{a} F(ax + b)$ eine Stammfunktion von g.

Unbestimmtes Integral einiger Funktionen

$$\int dx = x + c \quad (-\infty < x < +\infty)$$

$$\int x^n\,dx = \frac{1}{n+1}\,x^{n+1} + c \quad \begin{cases} n \geqq 0: -\infty < x < +\infty \\ n < 0;\, n \neq -1: \\ -\infty < x < 0 \\ \text{und } 0 < x < +\infty \end{cases}$$

$$\int \frac{dx}{x} = \ln|x| + c \quad (-\infty < x < 0,\ 0 < x < +\infty)$$

$$\int \frac{dx}{\sin^2 x} = -\cot x + c \quad (k\pi < x < (k+1)\,\pi,\ k \text{ ganze Zahl})$$

$$\int \frac{dx}{x \ln a} = \frac{1}{\ln a}\cdot \ln x + c \quad (x > 0)$$
$$= \log_a x + c \quad (a > 0;\ a \neq 1)$$

$$\int \sin x\,dx = -\cos x + c \quad (-\infty < x < +\infty)$$

$$\int \cos x\,dx = \sin x + c \quad (-\infty < x < +\infty)$$

$$\int \frac{dx}{\cos^2 x} = \tan x + c \quad \left(k\pi - \frac{\pi}{2} < x < k\pi + \frac{\pi}{2},\ k \text{ ganze Zahl}\right)$$

$$\int a^x\,dx = \frac{1}{\ln a}\,a^x + c \quad (-\infty < x < +\infty) \quad (a > 0;\ a \neq 1)$$

$$\int e^x\,dx = e^x + c \quad (-\infty < x < +\infty)$$

Das bestimmte Integral

Wenn f eine im Intervall $\langle a, b\rangle$ monotone Funktion ist, so existiert $\int_a^b f(x)\,dx$.

Wenn f eine im Intervall $\langle a, b\rangle$ stetige Funktion ist, so existiert $\int_a^b f(x)\,dx$.

$$\int_b^a f(x)\,dx \underset{\text{Df}}{=} -\int_a^b f(x)\,dx$$

(falls $\int_a^b f(x)\,dx$ mit $a < b$ existiert)

$$\int_a^a f(x)\,dx \underset{\text{Df}}{=} 0$$ (falls f in a definiert ist)

$$\int_a^b f(x)\,dx = \int_a^c f(x)\,dx + \int_c^b f(x)\,dx$$

(falls $\int_a^b f(x)\,dx$ im Intervall $\langle a, b\rangle$ existiert und c eine beliebige Zahl aus $\langle a, b\rangle$ ist)

Hauptsatz der Differential- und Integralrechnung: Ist f eine im Intervall $\langle a, b\rangle$ stetige Funktion und F irgendeine Stammfunktion von f, so ist $\int_a^b f(x)\,dx = F(b) - F(a)$.

Flächeninhaltsberechnung durch Integration

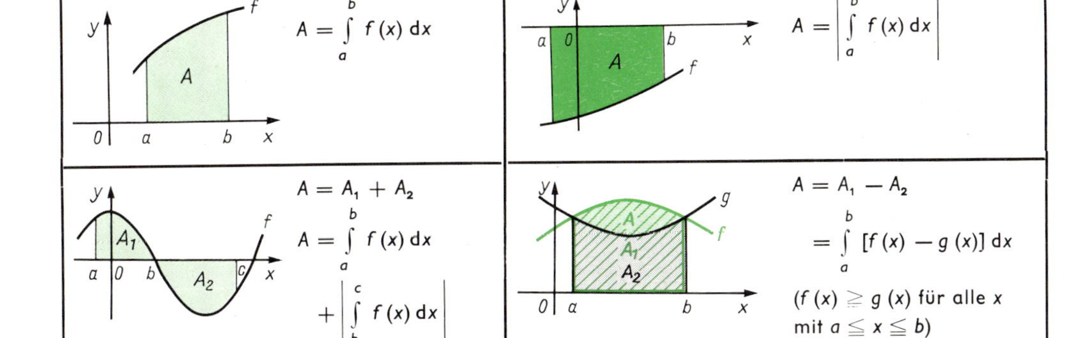

Vektorrechnung und analytische Geometrie

Definition: Eine Menge V, für deren Elemente eine Addition und eine Multiplikation mit reellen Zahlen definiert sind, heißt zusammen mit diesen Rechenoperationen **Vektorraum** genau dann, wenn für beliebige Elemente $\vec{a}$, $\vec{b}$ und $\vec{c}$ der Menge sowie für beliebige reelle Zahlen r und s gilt:

(1°) $\vec{a} + \vec{b} = \vec{b} + \vec{a}$ (Kommutativgesetz)

(2°) $(\vec{a} + \vec{b}) + \vec{c} = \vec{a} + (\vec{b} + \vec{c})$
(Assoziativgesetz der Addition)

(3°) In V gibt es ein Element $\vec{o}$, so daß für jedes $\vec{a}$ aus V gilt: $\vec{a} + \vec{o} = \vec{a}$.

(4°) In V gibt es zu jedem Element $\vec{a}$ ein Element $-\vec{a}$, so daß gilt:
$\vec{a} + (-\vec{a}) = \vec{o}$.

(5°) $1\,\vec{a} = \vec{a}$

(6°) $r(s\vec{a}) = (rs)\,\vec{a}$
(Assoziativgesetz der Multiplikation mit reellen Zahlen)

(7°) $(r + s)\,\vec{a} = r\vec{a} + s\vec{a}$
(1. Distributivgesetz)

(8°) $r(\vec{a} + \vec{b}) = r\vec{a} + r\vec{b}$
(2. Distributivgesetz)

Kartesisches Koordinatensystem

In einer Ebene

$\{0; \vec{i}, \vec{j}\}$

Einheitsvektoren: $\vec{i}, \vec{j}$; $|\vec{i}| = |\vec{j}| = 1$

Ortsvektor $\vec{p}$ eines Punktes $P\,(x_P; y_P)$ in

— Komponentendarstellung:
$\overrightarrow{OP} = \vec{p} = x_P\vec{i} + y_P\vec{j}$,

— Koordinatendarstellung:
$\vec{p}\begin{bmatrix} x_P \\ y_P \end{bmatrix}$

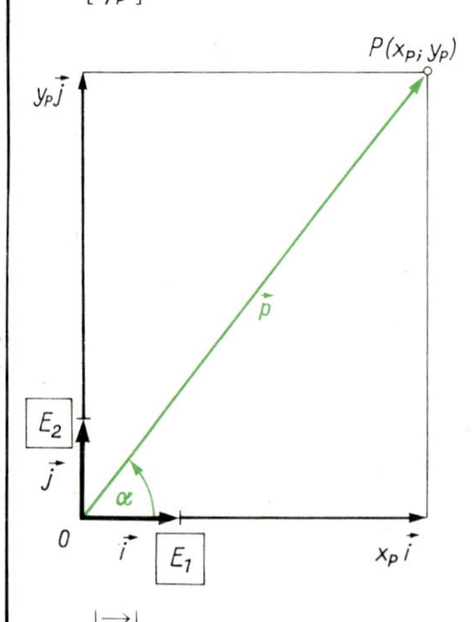

$x_P = |\overrightarrow{OP}| \cos \alpha$;

$y_P = |\overrightarrow{OP}| \sin \alpha$

mit

$\alpha = \sphericalangle E_1OP \; (-\pi < \alpha \leqq \pi)$

Im Raum

$\{0; \vec{i}, \vec{j}, \vec{k}\}$

Einheitsvektoren: $\vec{i}, \vec{j}, \vec{k}$; $|\vec{i}| = |\vec{j}| = |\vec{k}| = 1$

Ortsvektor $\vec{p}$ eines Punktes $P\,(x_P; y_P; z_P)$ in

— Komponentendarstellung:
$\overrightarrow{OP} = \vec{p} = x_P\vec{i} + y_P\vec{j} + z_P\vec{k}$,

— Koordinatendarstellung:
$\vec{p}\begin{bmatrix} x_P \\ y_P \\ z_P \end{bmatrix}$

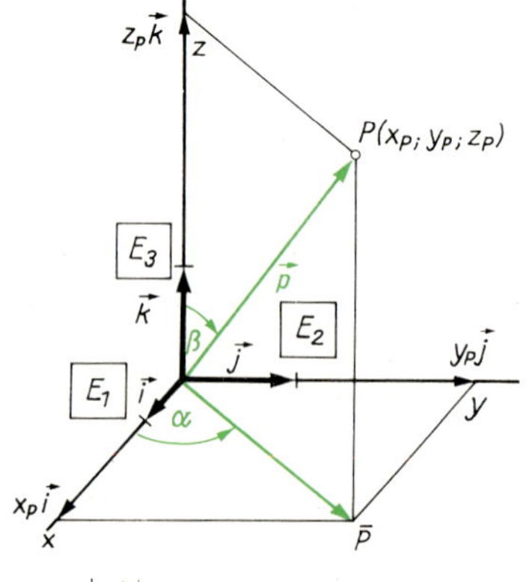

$x_P = |\overrightarrow{OP}| \sin \beta \cos \alpha$;

$y_P = |\overrightarrow{OP}| \sin \beta \sin \alpha$;

$z_P = |\overrightarrow{OP}| \cos \beta$

mit

$\alpha = \sphericalangle E_1O\bar{P}$ und

$\beta = \sphericalangle E_3OP \; (-\pi < \alpha \leqq \pi;\; 0 \leqq \beta \leqq \pi)$

Betrag eines Vektors; Abstand zweier Punkte P_1, P_2

Gegeben sei

- $\vec{a} = a_x\vec{i} + a_y\vec{j} + a_z\vec{k}$ $\qquad |\vec{a}| = \sqrt{a_x^2 + a_y^2 + a_z^2}$
- $P_1(x_1; y_1; z_1)$, $P_2(x_2; y_2; z_2)$ $\qquad |\overrightarrow{P_1P_2}| = \sqrt{(x_2 - x_1)^2 + (y_2 - y_1)^2 + (z_2 - z_1)^2}$

Skalarprodukt

$\vec{a}, \vec{b}$ seien Vektoren des Raumes

$\vec{a} \cdot \vec{b} \underset{\text{Df}}{=} |\vec{a}| \cdot |\vec{b}| \cdot \cos \sphericalangle(\vec{a}, \vec{b})$ $\quad$ ($\vec{a} \cdot \vec{b}$ ist eine reelle Zahl)

$\vec{a}^2 = \vec{a} \cdot \vec{a} = |\vec{a}|^2$

$|\vec{a}| = \sqrt{\vec{a} \cdot \vec{a}}$

$\vec{a} \cdot \vec{b} = 0$ gdw. $\begin{cases} \vec{a} = \vec{o} \text{ oder } \vec{b} = \vec{o} \\ \text{oder} \\ \vec{a} \neq \vec{o}, \vec{b} \neq \vec{o} \text{ und } \sphericalangle(\vec{a}, \vec{b}) = \frac{\pi}{2} \end{cases}$

Gleichungen einer Geraden

Punktrichtungsgleichung	$\vec{x} = \vec{x}_0 + t\vec{a}$ $(-\infty < t < +\infty)$ oder $\overrightarrow{OP} = \overrightarrow{OP_0} + t\vec{a}$
Zweipunktegleichung	$\vec{x} = \vec{x}_0 + t(\vec{x}_1 - \vec{x}_0)$ $(-\infty < t < +\infty)$ oder $\overrightarrow{OP} = \overrightarrow{OP_0} + t(\overrightarrow{OP_1} - \overrightarrow{OP_0})$

In einer Ebene gelten folgende parameterfreie Darstellungen:

$y - y_0 = m(x - x_0)$ mit $m = \frac{a_y}{a_x} = \tan\alpha$, falls $a_x \neq 0$,

und

$y - y_0 = \frac{y_1 - y_0}{x_1 - x_0}(x - x_0)$ mit $x_1 - x_0 \neq 0$

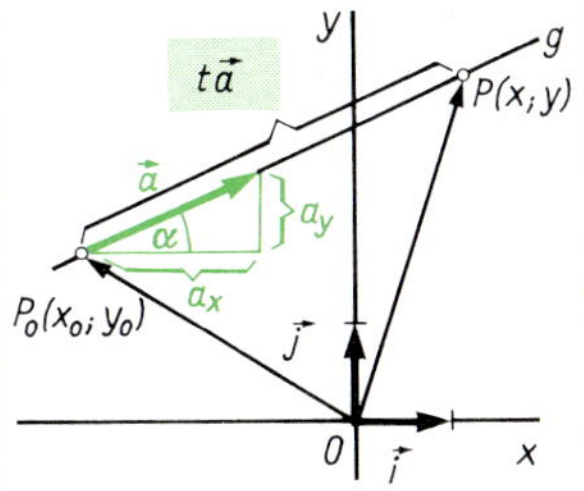

Gegenseitige Lage zweier Geraden g und h in einer Ebene

Parametergleichungen

g: $\vec{x} = \vec{x}_0 + t\vec{a}$ und h: $\vec{x} = \vec{x}_1 + u\vec{b}$

$g \parallel h$ gdw. $\vec{b} = s\vec{a}$ $(s \in R, s \neq 0)$; $g \perp h$ gdw. $\vec{a} \cdot \vec{b} = 0$

In parameterfreier Darstellung:

g: $y = m_1x + n_1$ und h: $y = m_2x + n_2$

$g \parallel h$ gdw. $m_1 = m_2$; $\qquad g \perp h$ gdw. $m_1 = -\frac{1}{m_2}$

Winkel zwischen zwei Vektoren

Für die Vektoren $\vec{a}\,(a_x; a_y; a_z)$ und $\vec{b}\,(b_x; b_y; b_z)$ gilt, falls $\vec{a} \neq \vec{o}$ und $\vec{b} \neq \vec{o}$:

$$\cos \sphericalangle (\vec{a}, \vec{b}) = \frac{\vec{a} \cdot \vec{b}}{|\vec{a}| \cdot |\vec{b}|} = \frac{a_x b_x + a_y b_y + a_z b_z}{\sqrt{a_x^2 + a_y^2 + a_z^2}\,\sqrt{b_x^2 + b_y^2 + b_z^2}}$$

Winkel zwischen zwei nicht orientierten Geraden g und h

Sind zwei Geraden g und h einer Ebene durch die parameterfreie Normalform, also durch $y = mx + n$ für g und durch $y = \bar{m}x + \bar{n}$ für h gegeben, so gilt:

$$\cos \sphericalangle (g, h) = \frac{|1 + m \cdot \bar{m}|}{\sqrt{1 + m^2} \cdot \sqrt{1 + \bar{m}^2}} \quad \text{und} \quad \tan \sphericalangle (g, h) = \left| \frac{\bar{m} - m}{1 + m \cdot \bar{m}} \right|.$$

Gleichungen der Koordinatenebenen ($x, y, z \in R$)

xy-Ebene: $\vec{x} = x\vec{i} + y\vec{j}$; $\quad xz$-Ebene: $\vec{x} = x\vec{i} + z\vec{k}$; $\quad yz$-Ebene: $\vec{x} = y\vec{j} + z\vec{k}$

Kreis und Kugel

Kreis in Mittelpunktslage [$M\,(0; 0)$]	Kreis in allgemeiner Lage [$M\,(a; b)$]
Für $\overrightarrow{OP} = \vec{x} = x\vec{i} + y\vec{j}$ gilt: $\lvert\overrightarrow{OP}\rvert = \lvert\vec{x}\rvert = r$ $\vec{x} \cdot \vec{x} = r^2$ $x^2 + y^2 = r^2$	Für $\overrightarrow{OP} = \vec{x} = x\vec{i} + y\vec{j}$ und $\vec{x}_M = a\vec{i} + b\vec{j}$ gilt: $\lvert\overrightarrow{MP}\rvert = \lvert\vec{x} - \vec{x}_M\rvert = r$ $(\vec{x} - \vec{x}_M) \cdot (\vec{x} - \vec{x}_M) = r^2$ $(x - a)^2 + (y - b)^2 = r^2$
Tangente an den Kreis $k\,(M, r)$ mit $M\,(0; 0)$ im Punkt $P_0\,(x_0; y_0)$	Tangente an den Kreis $k\,(M, r)$ mit $M\,(a; b)$ im Punkt $P_0\,(x_0; y_0)$
$\vec{x} \cdot \vec{x}_0 = r^2$ $x \cdot x_0 + y \cdot y_0 = r^2$	$(\vec{x} - \vec{x}_M) \cdot (\vec{x}_0 - \vec{x}_M) = r^2$ $(x - a)(x_0 - a) + (y - b)(y_0 - b) = r^2$
Kugel in Mittelpunktslage [$M\,(0; 0; 0)$]	Kugel in allgemeiner Lage [$M\,(a; b; c)$]
Für $\overrightarrow{OP} = \vec{x} = x\vec{i} + y\vec{j} + z\vec{k}$ gilt: $\lvert\overrightarrow{OP}\rvert = \lvert\vec{x}\rvert = r$ $\vec{x} \cdot \vec{x} = r^2$ $x^2 + y^2 + z^2 = r^2$	Für $\overrightarrow{OP} = \vec{x} = x\vec{i} + y\vec{j} + z\vec{k}$ und $\vec{x}_M = a\vec{i} + b\vec{j} + c\vec{k}$ gilt: $\lvert\overrightarrow{MP}\rvert = \lvert\vec{x} - \vec{x}_M\rvert = r$ $(\vec{x} - \vec{x}_M) \cdot (\vec{x} - \vec{x}_M) = r^2$ $(x - a)^2 + (y - b)^2 + (z - c)^2 = r^2$

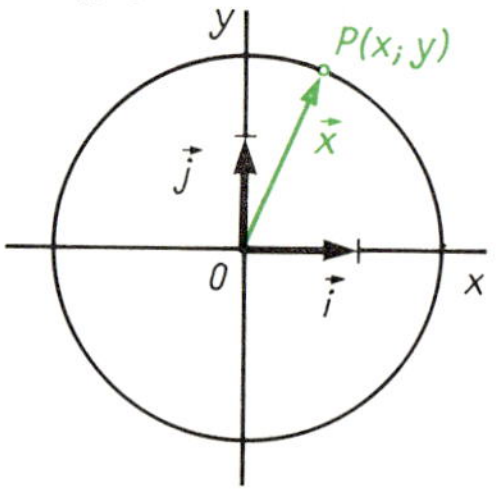

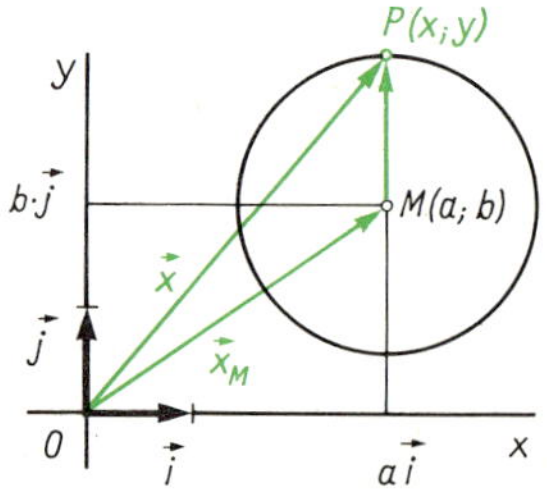

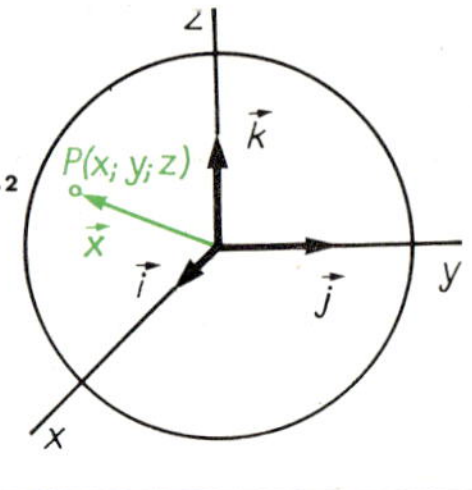

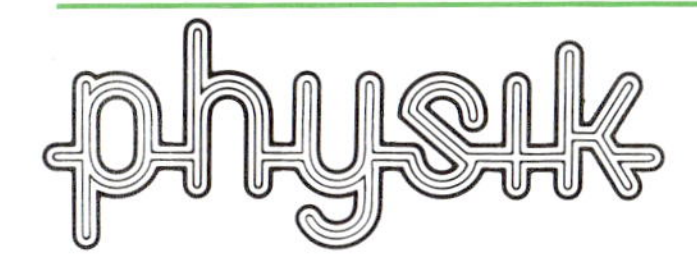

Basiseinheiten des Internationalen Einheitensystems (SI)

Größe und Zeichen für die Größe	Einheit und Einheitenzeichen	Definition der Einheit
Länge l	Meter m	Das Meter ist gleich 1650763,73 Vakuum-Wellenlängen der Strahlung, die dem Übergang zwischen den Niveaus 2 p_{10} und 5 d_5 des Atoms Krypton 86 entspricht.
Masse m	Kilogramm kg	Das Kilogramm ist die Masse des internationalen Kilogrammprototyps.
Zeit t	Sekunde s	Die Sekunde ist die Dauer von 9192631770 Perioden der Strahlung, die dem Übergang zwischen den beiden Hyperfeinstrukturniveaus des Grundzustandes des Atoms Zäsium 133 entspricht.
Stromstärke I	Ampere A	Das Ampere ist die Stärke des zeitlich unveränderlichen elektrischen Stromes durch zwei geradlinige, parallele, unendlich lange Leiter von vernachlässigbarem Querschnitt, die den Abstand 1 m haben und zwischen denen die durch den Strom elektrodynamisch hervorgerufene Kraft im leeren Raum je 1 m Länge der Doppelleitung $2 \cdot 10^{-7}$ N beträgt.
Temperatur T	Kelvin K	Das Kelvin ist der 273,16te Teil der thermodynamischen Temperatur des Tripelpunktes von Wasser.
Stoffmenge n	Mol mol	Das Mol ist die Stoffmenge eines Systems, das aus soviel gleichartigen elementaren Teilchen (Atomen, Molekülen, Ionen) besteht, wie Atome in 0,012 kg des Kohlenstoffnuklids ^{12}C enthalten sind. (↗ Avogadrosche Konstante, S. 59)
Lichtstärke I	Candela cd	Die Candela ist die Lichtstärke senkrecht gemessen zu einer 1/600000 m² großen Oberfläche eines schwarzen Strahlers bei der Temperatur des beim Druck 101325 Pascal erstarrenden Platins.

Vorsätze zum Bilden von Vielfachen und Teilen von Einheiten

Vorsatz	Vorsatzzeichen	Faktor, mit dem die Einheit multipliziert werden muß	Vorsatz	Vorsatzzeichen	Faktor, mit dem die Einheit multipliziert werden muß
Exa	E	10^{18}	Dezi	d	10^{-1}
Peta	P	10^{15}	Zenti	c	10^{-2}
Tera	T	10^{12}	Milli	m	10^{-3}

Vorsatz	Vorsatz-zeichen	Faktor, mit dem die Einheit multi-pliziert werden muß	Vorsatz	Vorsatz-zeichen	Faktor, mit dem die Einheit multi-pliziert werden muß
Giga	G	10^{9}	Mikro	μ	10^{-6}
Mega	M	10^{6}	Nano	*n*	10^{-9}
Kilo	k	10^{3}	Pico	p	10^{-12}
Hekto	h	10^{2}	Femto	f	10^{-15}
Deka	da	10^{1}	Atto	a	10^{-18}

Schaltzeichen der Elektrotechnik

Galvanische Spannungsquelle	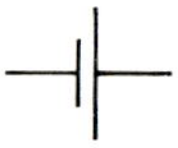 Gleichspannung 
Buchse	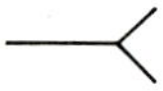 Wechselspannung 
Stecker	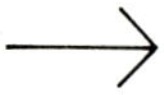 Spannungsmesser (V) 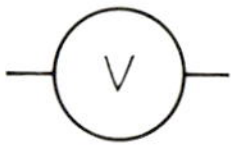
Erdung	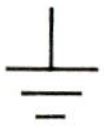 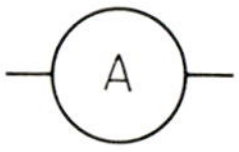 Strommesser (A)
Transformator mit ferromagnetischem Kern	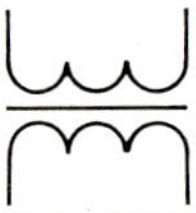 Lautsprecher 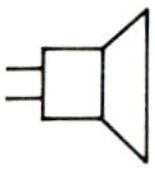
Generator (G) 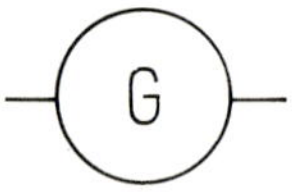 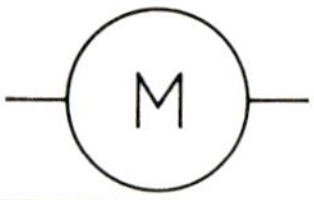	Motor (M)
Schalter	 Relais 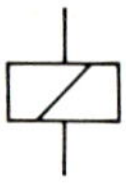
Widerstand, allgemein	 Spule, allgemein 
Widerstand, verstellbar	 Spule mit Eisenkern 
Glühlampe	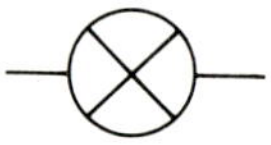 Glimmlampe 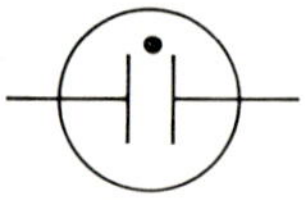

Fotowiderstand	Fotozelle
Halbleiterdiode	Röhrendiode
pnp-Transistor	Röhrentriode
npn-Transistor	Zählrohr
Kondensator	Kondensator, verstellbar

Größen und Einheiten

Raum und Zeit

Physikalische Größe	Zeichen für die Größe	Einheiten	Einheiten-zeichen	Beziehungen zwischen den Einheiten
Länge Weg Höhe Radius	l s h r	**Meter** Astronomische Einheit Lichtjahr Parsec	**m** AE ly pc	**Basiseinheit** 1 AE = $1{,}496 \cdot 10^{11}$ m 1 ly = $9{,}461 \cdot 10^{15}$ m 1 pc = $3{,}086 \cdot 10^{16}$ m
Fläche	A	Quadratmeter Hektar	m² ha	 1 ha = 10^4 m²
Volumen	V	Kubikmeter Liter	m³ l	 $1\ l = 10^{-3}$ m³
Ebener Winkel Drehwinkel	α, β, γ σ	Radiant Grad Minute Sekunde	rad ° ′ ″	$1 \text{ rad} = \frac{1 \text{ m}}{1 \text{ m}}$ $1° = \frac{\pi}{180} \text{ rad} = 60'$ $1' = \frac{\pi}{10800} \text{ rad} = 60''$ $1'' = \frac{\pi}{648000} \text{ rad}$

Physikalische Größe	Zeichen für die Größe	Einheiten	Einheitenzeichen	Beziehungen zwischen den Einheiten
Zeit Periode (Umlaufzeit, Schwingungsdauer)	t T	**Sekunde** Minute Stunde Tag	**s** min h d	**Basiseinheit** 1 min = 60 s 1 h = 3600 s 1 d = 86400 s
Frequenz	f	Hertz	Hz	$1\ \text{Hz} = 1 \cdot \text{s}^{-1}$

Mechanik

Physikalische Größe	Zeichen für die Größe	Einheiten	Einheitenzeichen	Beziehungen zwischen den Einheiten
Geschwindigkeit	v, u	Meter je Sekunde	$\frac{\text{m}}{\text{s}}$	$1\ \frac{\text{m}}{\text{s}} = 1\ \text{m} \cdot \text{s}^{-1}$
Beschleunigung Fallbeschleunigung (↗ S. 69)	a g	Meter je Quadratsekunde	$\frac{\text{m}}{\text{s}^2}$	$1\ \frac{\text{m}}{\text{s}^2} = 1\ \text{m} \cdot \text{s}^{-2}$
Winkelgeschwindigkeit	ω	Radiant je Sekunde	$\frac{\text{rad}}{\text{s}}$	$1\ \frac{\text{rad}}{\text{s}} = \frac{1}{\text{s}} = 1 \cdot \text{s}^{-1}$
Winkelbeschleunigung	α	Radiant je Quadratsekunde	$\frac{\text{rad}}{\text{s}^2}$	$1\ \frac{\text{rad}}{\text{s}^2} = \frac{1}{\text{s}^2} = 1 \cdot \text{s}^{-2}$
Masse	m	**Kilogramm** Tonne Atomare Masseneinheit	**kg** t u	**Basiseinheit** $1\ \text{t} = 10^3\ \text{kg}$ $1\ \text{u} = 1{,}66057 \cdot 10^{-27}\ \text{kg}$
Dichte	ϱ	Kilogramm je Kubikmeter	$\frac{\text{kg}}{\text{m}^3}$	$1\ \frac{\text{kg}}{\text{m}^3} = 1\ \text{kg} \cdot \text{m}^{-3}$
Kraft Gewichtskraft Reibungskraft Normalkraft	F F_G F_R F_N	Newton	N	$1\ \text{N} = 1\ \text{kg} \cdot \text{m} \cdot \text{s}^{-2}$ (↗ Umrechnungsfaktoren S. 59)
Druck	p	Pascal	Pa	$1\ \text{Pa} = 1\ \frac{\text{N}}{\text{m}^2}$ $= 1\ \text{kg} \cdot \text{m}^{-1} \cdot \text{s}^{-2}$
Arbeit	W	Joule Wattsekunde	J Ws	$1\ \text{J} = 1\ \text{N} \cdot \text{m}$ $= 1\ \text{kg} \cdot \text{m}^2 \cdot \text{s}^{-2}$ $1\ \text{Ws} = 1\ \text{J}$
Energie	E	Elektronenvolt	eV	$1\ \text{eV} = 1{,}602 \cdot 10^{-19}\ \text{J}$ (↗ Umrechnungsfaktoren S. 60)
Leistung	P	Joule je Sekunde Watt	$\frac{\text{J}}{\text{s}}$ W	$1\ \frac{\text{J}}{\text{s}} = 1\ \text{J} \cdot \text{s}^{-1}$ $= 1\ \text{kg} \cdot \text{m}^2 \cdot \text{s}^{-3}$ $1\ \text{W} = 1\ \frac{\text{J}}{\text{s}}$

Physikalische Größe	Zeichen für die Größe	Einheiten	Einheitenzeichen	Beziehungen zwischen den Einheiten
Kraftstoß	S	Newtonsekunde	N · s	$1\ N \cdot s = 1\ kg \cdot m \cdot s^{-1}$
Impuls	p			
Drehmoment	M	Newtonmeter	N · m	$1\ N \cdot m = 1\ kg \cdot m^2 \cdot s^{-2}$
Trägheitsmoment	J	Kilogramm mal Quadratmeter	$kg \cdot m^2$	

Thermodynamik

Physikalische Größe	Zeichen für die Größe	Einheiten	Einheitenzeichen	Beziehungen zwischen den Einheiten
Temperatur	T ϑ	**Kelvin** Grad Celsius Für Temperaturdifferenzen ist bevorzugt K zu verwenden	**K** °C	**Basiseinheit** $\frac{\vartheta}{°C} = \frac{T}{K} - 273{,}15$
Wärme	Q	Joule	J	$1\ J = 1\ N \cdot m$ $= 1\ kg \cdot m^2 \cdot s^{-2}$
Innere Energie	U	Joule	J	$1\ J = 1\ N \cdot m$ $= 1\ kg \cdot m^2 \cdot s^{-2}$ (↗ Umrechnungsfaktoren S. 60)
Spezifische Wärmekapazität	c c_p c_v	Joule je Kilogramm und Kelvin	$\frac{J}{kg \cdot K}$	
Spezifische Gaskonstante	R			

Elektrizität und Magnetismus

Physikalische Größe	Zeichen für die Größe	Einheiten	Einheitenzeichen	Beziehungen zwischen den Einheiten
Elektrische Stromstärke	I	**Ampere**	**A**	**Basiseinheit**
Elektrische Ladung	Q	Coulomb	C	$1\ C = 1\ A \cdot s$
Elektrische Arbeit	W	Joule	J	$1\ J = 1\ V \cdot A \cdot s$ $1\ J = 1\ W \cdot s$ $1\ J = 1\ N \cdot m$

Physikalische Größe	Zeichen für die Größe	Einheiten	Einheiten-zeichen	Beziehungen zwischen den Einheiten
Elektrische Leistung*	P	Watt	W	$1\ W = 1\ V \cdot A$ $1\ W = 1\ J \cdot s^{-1}$
Elektrische Spannung	U	Volt	V	$1\ V = 1 \cdot W \cdot A^{-1}$ $1\ V = 1\ m^2 \cdot kg \cdot s^{-3} \cdot A^{-1}$
Elektrische Feldstärke	E	Volt je Meter	$\frac{V}{m}$	$1\ \frac{V}{m} = 1\ W \cdot A^{-1} \cdot m^{-1}$
Elektrische Kapazität	C	Farad	F	$1\ F = 1\ C \cdot V^{-1}$ $1\ F = 1\ A \cdot s \cdot V^{-1}$
Elektrischer Widerstand	R	Ohm	Ω	$1\ \Omega = 1\ V \cdot A^{-1}$
Spezifischer elektrischer Widerstand	ϱ	Ohmmeter	$\Omega \cdot m$	$1\ \Omega \cdot m = 1\ m^3 \cdot kg \cdot s^{-3} \cdot A^{-2}$ $1\ \Omega \cdot m = 1\ \Omega \cdot m^2 \cdot m^{-1}$
Magnetischer Fluß	Φ	Weber	Wb	$1\ Wb = 1\ V \cdot s$ $1\ Wb = 1\ T \cdot m^2$
Magnetische Flußdichte	B	Tesla	T	$1\ T = 1\ V \cdot s \cdot m^{-2}$ $1\ T = 1\ Wb \cdot m^{-2}$
Induktivität	L	Henry	H	$1\ H = 1\ V \cdot s \cdot A^{-1}$ $1\ H = 1\ Wb \cdot A^{-1}$

* In der Technik gebraucht man für die Einheiten der Wirkleistung, Scheinleistung und Blindleistung unterschiedliche Bezeichnungen (Watt, Voltampere und Var).

Physikalische Chemie

Physikalische Größe	Zeichen für die Größe	Einheiten	Einheiten-zeichen	Beziehungen zwischen den Einheiten
Stoffmenge (Objektmenge)	n	**Mol**	**mol**	**Basiseinheit**
Molare Masse	M	Kilogramm je Mol	$\frac{kg}{mol}$	$1\ \frac{kg}{mol} = 1\ kg \cdot mol^{-1}$
Molares Volumen	V_m	Kubikmeter je Mol	$\frac{m^3}{mol}$	$1\ \frac{m^3}{mol} = 1\ m^3 \cdot mol^{-1}$

Naturkonstanten

Elementarladung	e	$1{,}60219 \cdot 10^{-19}$ C
Ruhmasse des Elektrons	m_{0_e}	$0{,}91095 \cdot 10^{-30}$ kg
Ruhmasse des Protons	m_{0_p}	$1{,}67265 \cdot 10^{-27}$ kg

Ruhmasse des Neutrons Ruhmasse des Wasserstoffatoms Ruhmasse des α-Teilchens	m_{0_n} m_{0H} $m_{0\alpha}$	$1{,}67495 \cdot 10^{-27}$ kg $1{,}6733 \cdot 10^{-27}$ kg $6{,}64473 \cdot 10^{-27}$ kg
Spezifische Ladung des Elektrons Atomare Masseneinheit Plancksches Wirkungsquantum	$e \cdot {m_{0_e}}^{-1}$ u h	$1{,}75880 \cdot 10^{11}$ C · kg^{-1} $1{,}66057 \cdot 10^{-27}$ kg $6{,}62618 \cdot 10^{-34}$ J · s
Avogadrosche Konstante Boltzmannsche Konstante Faradaysche Konstante	N_A k F	$6{,}02204 \cdot 10^{23}$ mol^{-1} $1{,}38066 \cdot 10^{-23}$ J · K^{-1} $9{,}64846 \cdot 10^{4}$ C · mol^{-1}
Gravitationskonstante Lichtgeschwindigkeit im Vakuum Rydberg-Frequenz	γ c R_y	$(6{,}670 \pm 0{,}007) \cdot 10^{-11}$ N · m^2 · kg^{-2} $2{,}99792 \cdot 10^{8}$ m · s^{-1} $3{,}288 \cdot 10^{15}$ s^{-1}
Elektrische Feldkonstante Magnetische Feldkonstante	ε_0 μ_0	$8{,}85419 \cdot 10^{-12}$ A · s · V^{-1} · m^{-1} $1{,}25664 \cdot 10^{-6}$ V · s · A^{-1} · m^{-1}

Umrechnungsfaktoren von Einheiten

Einheiten der Kraft

Einheit	Faktor für Umrechnung in		
	N	kp	p
1 kp	9,81	1	1000
1 p	$9{,}81 \cdot 10^{-3}$	10^{-3}	1

Die Einheiten kp und p sollen nicht verwendet werden. Sie sind nicht mehr gültig.

Einheiten des Druckes

Einheit	Faktor für Umrechnung in					
	Pa; $\frac{N}{m^2}$	at; $\frac{kp}{cm^2}$	atm	Torr	bar	mm WS; $\frac{kp}{m^2}$
1 at $= 1 \frac{kp}{cm^2}$	$9{,}81 \cdot 10^{4}$	1	0,968	736	0,981	10^{4}
1 atm	$1{,}013 \cdot 10^{5}$	1,033	1	760	1,013	$1{,}033 \cdot 10^{4}$
1 Torr	133,32	$1{,}36 \cdot 10^{-3}$	$1{,}32 \cdot 10^{-3}$	1	$1{,}33 \cdot 10^{-3}$	13,60
1 bar	10^{5}	1,02	0,987	750	1	$1{,}02 \cdot 10^{4}$
1 mm WS $= 1 \frac{kp}{m^2}$	9,81	10^{-4}	$9{,}68 \cdot 10^{-5}$	$7{,}36 \cdot 10^{-2}$	$9{,}81 \cdot 10^{-5}$	1

Die Einheiten at, $\frac{kp}{cm^2}$, atm, Torr, mm WS und $\frac{kp}{m^2}$ sollen nicht verwendet werden.
Sie sind nicht mehr gültig.

Einheiten der Arbeit, Energie, Wärme

Einheit	Faktor für Umrechnung in				
	J; N · m; W · s	kWh	eV	kcal	kp · m
1 kWh	$3{,}6 \cdot 10^{6}$	1	$2{,}25 \cdot 10^{25}$	860	$3{,}67 \cdot 10^{5}$
1 eV	$1{,}6 \cdot 10^{-19}$	$4{,}45 \cdot 10^{-26}$	1	$3{,}83 \cdot 10^{-23}$	$1{,}63 \cdot 10^{-20}$
1 kcal	$4{,}19 \cdot 10^{3}$	$1{,}16 \cdot 10^{-3}$	$2{,}61 \cdot 10^{22}$	1	427
1 kp · m	9,81	$2{,}72 \cdot 10^{-6}$	$6{,}12 \cdot 10^{19}$	$2{,}34 \cdot 10^{-3}$	1

Die Einheiten kcal und kp · m sollen nicht verwendet werden. Sie sind nicht mehr gültig.

Einheiten der Leistung

Einheit	Faktor für Umrechnung in				
	W; $\frac{J}{s}$; $\frac{N \cdot m}{s}$	kW	$\frac{kcal}{h}$	$\frac{kp \cdot m}{s}$	PS
1 kW	1000	1	860	102	1,36
1 $\frac{kcal}{h}$	1,16	$1{,}16 \cdot 10^{-3}$	1	0,119	$1{,}58 \cdot 10^{-3}$
1 $\frac{kp \cdot m}{s}$	9,81	$9{,}81 \cdot 10^{-3}$	8,43	1	$1{,}33 \cdot 10^{-2}$
1 PS	736	0,736	632	75	1

Die Einheiten $\frac{kcal}{h}$, $\frac{kp \cdot m}{s}$ und PS sollen nicht verwendet werden.
Sie sind nicht mehr gültig.

Schallgeschwindigkeiten (Richtwerte für 20 °C und Normaldruck)

Schallgeschwindigkeit in	v in $\frac{m}{s}$	Schallgeschwindigkeit in	v in $\frac{m}{s}$
Aluminium	5100	Benzin	1160
Beton	3800	Wasser bei 4 °C	1400
Blei	1300	Wasser bei 15 °C	1460
Eis	3230	Kohlendioxid	260
Glas	4000 bis 5500	Luft bei 0 °C	331
Gummi	40	Luft bei 10 °C	337
Kupfer	3900	Luft bei 20 °C	343
Stahl	5100	Luft bei 30 °C	349
Ziegelmauerwerk	3600	Wasserstoff	1280

Reibungszahlen (Richtwerte)

Werkstoff	Haftreibungszahl μ_0	Gleitreibungszahl μ
Beton auf Kies	0,87	
Beton auf Sand	0,56	
Gummireifen auf Asphalt, trocken	$<$ 0,9	$<$ 0,3
Gummireifen auf Asphalt, naß	$<$ 0,5	$<$ 0,15
Gummireifen auf Beton, trocken	$<$ 1,0	$<$ 0,5
Gummireifen auf Beton, naß	$<$ 0,6	$<$ 0,3
Holz auf Holz	0,65	0,35
Leder auf Metall (Dichtungen)	0,60	0,25
Metall auf Holz	0,55	0,35
Stahl auf Eis	0,02	0,01
Stahl auf Stahl, trocken	0,15	0,10
Stahl auf Bronze, trocken	0,18	0,16

Eigenschaften von festen Stoffen

Stoff	Linearer Ausdehnungskoeffizient α in K^{-1}	Spezifische Wärmekapazität c in $J \cdot kg^{-1} \cdot K^{-1}$	Schmelztemperatur ϑ_s in °C (bei 101,3 kPa)	Spezifische Schmelzwärme q_s in $J \cdot kg^{-1}$	Siedetemperatur ϑ_v in °C (bei 101,3 kPa)
Aluminium	$2,3 \cdot 10^{-5}$	896	660	$3,97 \cdot 10^{5}$	2450
Beton (Stahlbeton)	$1,2 \cdot 10^{-5}$	920			
Blei	$2,9 \cdot 10^{-5}$	126	327	$0,26 \cdot 10^{5}$	1755
Bronze	$1,8 \cdot 10^{-5}$	394	900		
Diamant	$0,1 \cdot 10^{-5}$	464	3540		4347
Glas (Fensterglas)	$1,0 \cdot 10^{-5}$	860			
Gold	$1,4 \cdot 10^{-5}$	130	1063	$0,65 \cdot 10^{5}$	2677
Graphit	$0,2 \cdot 10^{-5}$	491	3805		4347
Hartgummi	$8,0 \cdot 10^{-5}$	1425			
Holz (Eiche)	$0,8 \cdot 10^{-5}$	2390			
Konstantan	$1,5 \cdot 10^{-5}$	411			
Kupfer	$1,6 \cdot 10^{-5}$	395	1083	$1,76 \cdot 10^{5}$	2595
Magnesium	$2,6 \cdot 10^{-5}$	920	650	$3,82 \cdot 10^{5}$	1110
Mauerwerk	$0,5 \cdot 10^{-5}$	860			
Platin	$0,9 \cdot 10^{-5}$	134	1773	$1,13 \cdot 10^{5}$	3827
Polyvinylchlorid	$8,0 \cdot 10^{-5}$				
Porzellan	$0,4 \cdot 10^{-5}$	730			
Quarzglas	$0,1 \cdot 10^{-5}$	729	1700		
Silber	$2,0 \cdot 10^{-5}$	234	961	$1,04 \cdot 10^{5}$	2180
Stahl	$1,3 \cdot 10^{-5}$	$\approx$ 470	$\approx$ 1500		
Wismut	$1,4 \cdot 10^{-5}$	122	271	$0,52 \cdot 10^{5}$	1560
Wolfram	$0,4 \cdot 10^{-5}$	134	3390	$1,92 \cdot 10^{5}$	5930
Zink	$3,6 \cdot 10^{-5}$	391	419	$1,11 \cdot 10^{5}$	907
Zinn	$2,7 \cdot 10^{-5}$	220	232	$0,59 \cdot 10^{5}$	2430

➡ 62

Eigenschaften von Flüssigkeiten

Stoff	Kubischer Ausdehnungskoeffizient γ in K^{-1}	Spezifische Wärmekapazität c in $J \cdot kg^{-1} \cdot K^{-1}$	Schmelztemperatur ϑ_s in °C (bei 101,3 kPa)	Spezifische Schmelzwärme q_s in $J \cdot kg^{-1}$	Siedetemperatur ϑ_v in °C (bei 101,3 kPa)	Spezifische Verdampfungswärme q_v in $kJ \cdot kg^{-1}$ (bei 101,3 kPa)
Äthanol	$110 \cdot 10^{-5}$	2400	— 114	$1,08 \cdot 10^{5}$	78,4	842
Azeton	$143 \cdot 10^{-5}$	2100	— 95	$0,82 \cdot 10^{5}$	56	520
Benzen	$106 \cdot 10^{-5}$	1700	5,5	$1,27 \cdot 10^{5}$	80	394
Diäthyläther	$162 \cdot 10^{-5}$	2350	— 123	$0,98 \cdot 10^{5}$	35	384
Glyzerol	$49 \cdot 10^{-5}$	2400	18		290	
Methanol	$110 \cdot 10^{-5}$	2400	— 98	$0,69 \cdot 10^{5}$	65	1102
Petroleum	$96 \cdot 10^{-5}$	2000				
Quecksilber	$18 \cdot 10^{-5}$	140	— 39	$0,11 \cdot 10^{5}$	357	285
Trichlormethan	$128 \cdot 10^{-5}$	950	— 64	$0,75 \cdot 10^{5}$	61	245
Wasser	$18 \cdot 10^{-5}$	4186	0	$3,34 \cdot 10^{5}$	100	2260

Eigenschaften von Gasen

Stoff	Spezifische Wärmekapazität bei konstantem Volumen c_v in $J \cdot kg^{-1} \cdot K^{-1}$	Spezifische Wärmekapazität bei konstantem Druck c_p in $J \cdot kg^{-1} \cdot K^{-1}$	Schmelztemperatur ϑ_s in °C (bei 101,3 kPa)	Siedetemperatur ϑ_v in °C (bei 101,3 kPa)	Spezifische Verdampfungswärme q_v in $kJ \cdot kg^{-1}$
Ammoniak	1559	2049	— 77,7	— 33,4	1370
Helium	3161	5238	— 270	— 269	25
Kohlendioxid	754	1047	— 56,7*	— 78,5**	574
Luft	720	1009			190
Sauerstoff	653	917	— 219	— 183	213
Stickstoff	745	1038	— 210	— 195,8	198
Wasserstoff	10130	14270	— 259	— 253	455

* bei $49 \cdot 10^{4}$ Pa ** sublimiert

Dichten

Fest	ϱ in $10^{3}\ kg \cdot m^{-3} = g \cdot cm^{-3}$ (bei 20 °C)	Fest	ϱ in $10^{3}\ kg \cdot m^{-3} = g \cdot cm^{-3}$ (bei 20 °C)
Aluminium	2,70	Magnesium	1,74
Beton (Stahlbeton)	2,3	Mauerwerk	1,7
Blei	11,39	Platin	21,45
Bronze	8,8	Polyvinylchlorid	1,35
Diamant	3,51	Porzellan	2,3

Fest	ϱ in $10^3\ kg \cdot m^{-3}$ $= g \cdot cm^{-3}$ (bei 20 °C)	Fest	ϱ in $10^3\ kg \cdot m^{-3}$ $= g \cdot cm^{-3}$ (bei 20 °C)
Glas (Fensterglas)	2,5	Quarzglas	2,20
Gold	19,3	Silber	10,50
Graphit	2,25	Stahl	7,8
Hartgummi	1,20	Wismut	9,79
Holz (Eiche)	0,8	Wolfram	19,3
Konstantan	8,8	Zink	7,13
Kupfer	8,93	Zinn	7,28
Flüssig	ϱ in $10^3\ kg \cdot m^{-3}$ $= g \cdot cm^{-3}$ (bei 20 °C)	**Gasförmig**	ϱ in $kg \cdot m^{-3}$ $= 10^{-3}\ g \cdot cm^{-3}$ (bei 101,3 kPa und 0 °C)
Äthanol	0,789	Ammoniak	0,771
Azeton	0,791	Helium	0,178
Benzen	0,879	Kohlendioxid	1,98
Diäthyläther	0,716	Luft	1,29
Glyzerol	1,260	Sauerstoff	1,429
Methanol	0,792	Stickstoff	1,251
Petroleum	0,81	Wasserstoff	0,089
Quecksilber	13,55		
Trichlormethan	1,49		
Wasser	0,998		

Mittlere Geschwindigkeiten von Gasmolekülen (bei 0 °C)

Gas	$\bar{v}$ in $m \cdot s^{-1}$	Gas	$\bar{v}$ in $m \cdot s^{-1}$
Helium	1304	Sauerstoff	460
Kohlendioxid	394	Stickstoff	490
Luft	485	Wasserstoff	1840

Heizwerte einiger Brennstoffe

(Mittelwerte)

Feste Brennstoffe	H in $MJ \cdot kg^{-1}$	Flüssige Brennstoffe	H in $MJ \cdot kg^{-1}$	Technische Gase	H in $MJ \cdot m^{-3}$
Anthrazit	31	Benzen	40	Butan	124
Braunkohle, weich	8,5	Dieselkraftstoff	42	Erdgas	40
Briketts	20	Heizöl	41	Propan	93
Braunkohlenschwelkoks	23	Steinkohlenteeröl	40	Stadtgas	18
Holz, trocken	15	Spiritus	41	Wassergas	10
Torf, trocken	15	Vergaserkraftstoff	47		
Steinkohle	29				
Zechenkoks	29				

➡ 64

Abhängigkeit der Siedetemperatur und der spezifischen Verdampfungswärme des Wassers vom Druck

Druck p in MPa	Siedetemperatur ϑ_v in °C	Spezifische Verdampfungswärme q_v in $MJ \cdot kg^{-1}$
0,01	46	2,392
0,05	81	2,304
0,1	100	2,258
0,2	120	2,202
0,5	152	2,109
1,0	180	2,015
5,0	264	1,640
10,0	311	1,317
20,0	366	0,583

Spezifische Gaskonstanten

Stoff	R in $J \cdot kg^{-1} \cdot K^{-1}$	Stoff	R in $J \cdot kg^{-1} \cdot K^{-1}$
Äthan	277	Luft	287
Ammoniak	488	Propan	189
Argon	208	Sauerstoff	260
Helium	2077	Stickstoff	297
Kohlendioxid	189	Wasserstoff	4124

Relative Dielektrizitätskonstanten (Dielektrizitätszahlen)

Isolierstoff	ε_r	Isolierstoff	ε_r
Bernstein	2,8	Paraffin	2,0
Glas	5 bis 16	Polystyren	2,6
Glimmer	5 bis 10	Porzellan	6
Hartpapier	3,5 bis 5	Transformatorenöl	2,5
Keramische Werkstoffe für Kondensatoren	100 bis 10000	Vakuum	1
Luft	1,0006	Wasser	81

Relative Permeabilitäten (Permeabilitätszahlen)

Magnetische Werkstoffe (Richtwerte)	Anfangspermeabilität μ_{r_a}	Maximalpermeabilität $\mu_{r_{max}}$
Elektrolyteisen	600	15000
Ferrite	300 bis 3000	
Nickel-Eisen-Legierung	2700	20000
Sonderlegierungen	bis 100000	bis 300000
Technisches Eisen	250	7000
Transformatorenblech	600	7600

Die Permeabilität der magnetischen Werkstoffe ist stark von der Art der Legierung und von der Behandlung abhängig.
Der Betrag der Permeabilität wächst mit der magnetischen Flußdichte zunächst stark bis zur Maximalpermeabilität an und nimmt danach bis auf 1 ab.

Spezifische elektrische Widerstände (bei 20 °C)

Metalle[1]	in $10^{-6}\,\Omega \cdot m = \frac{\Omega \cdot mm^2}{m}$	Widerstandslegierungen[1]	in $10^{-6}\,\Omega \cdot m = \frac{\Omega \cdot mm^2}{m}$	Isolierstoffe[1]	in $\Omega \cdot m$
Aluminium	0,028	Bürstenkohle	50	Bernstein	$> 10^{16}$
Blei	0,21	Chromnickel	1,20	Glas	10^{11} bis 10^{12}
Eisen	0,10	Eisen leg. (4 Si)	0,50	Glimmer	10^{13} bis 10^{15}
Gold	0,024	Konstantan	0,50	Holz[2]	10^{9} bis 10^{13}
Kupfer	0,017	Manganin	0,43	Paraffin	10^{14} bis 10^{16}
Quecksilber	0,96	Nickelin	0,40	Polyäthylen	10^{10} bis 10^{13}
Silber	0,016	Stahlguß	0,18	Polystyren	bis 10^{16}
Wismut	1,2			Polyvinylchlorid	bis 10^{13}
Wolfram	0,053			Porzellan	bis 10^{13}
Zinn	0,10			Piacryl	bis 10^{13}
				Transformatorenöl	10^{10} bis 10^{13}

[1] Richtwerte [2] trocken

Austrittsarbeiten der Elektronen aus reinen Metalloberflächen

Stoff	W_A in eV	Stoff	W_A in eV	Stoff	W_A in eV
Barium	2,52	Kadmium	4,04	Zäsium	1,93
Kalium	2,22	Wolfram	4,54	Zink	3,95

Elektromagnetisches Spektrum

Bezeichnung	Frequenz f in Hz	Wellenlänge λ
Wechselstrom	$16^2/_3$ bis 10^2	18 000 km bis 3000 km
Leitungstelefonie	10^2 bis 10^4	3000 km bis 30 km
Hertzsche Wellen	10^4 bis 10^{13}	30 km bis 0,03 mm
Langwellen	$1,5 \cdot 10^5$ bis $3 \cdot 10^5$	2000 m bis 1000 m
Mittelwellen	$0,5 \cdot 10^6$ bis $2 \cdot 10^6$	600 m bis 150 m
Kurzwellen	$0,6 \cdot 10^7$ bis $2 \cdot 10^7$	50 m bis 15 m
Ultrakurzwellen	10^8 bis $3 \cdot 10^8$	30 m bis 1 m
Mikrowellen	$3 \cdot 10^8$ bis 10^{13}	1 m bis 0,03 mm
Lichtwellen	10^{12} bis $5 \cdot 10^{16}$	0,3 mm bis 5 nm
infrarotes Licht	10^{12} bis $3,9 \cdot 10^{14}$	0,3 mm bis 770 nm
sichtbares Licht	$3,9 \cdot 10^{14}$ bis $7,7 \cdot 10^{14}$	770 nm bis 390 nm
– Rot	$3,9 \cdot 10^{14}$ bis $4,7 \cdot 10^{14}$	770 nm bis 640 nm
– Orange	$4,7 \cdot 10^{14}$ bis $5 \cdot 10^{14}$	640 nm bis 600 nm
– Gelb	$5 \cdot 10^{14}$ bis $5,3 \cdot 10^{14}$	600 nm bis 570 nm
– Grün	$5,3 \cdot 10^{14}$ bis $6,1 \cdot 10^{14}$	570 nm bis 490 nm
– Blau	$6,1 \cdot 10^{14}$ bis $6,5 \cdot 10^{14}$	490 nm bis 460 nm
– Indigo	$6,5 \cdot 10^{14}$ bis $7 \cdot 10^{14}$	460 nm bis 430 nm
– Violett	$7 \cdot 10^{14}$ bis $7,7 \cdot 10^{14}$	430 nm bis 390 nm
ultraviolettes Licht	$7,7 \cdot 10^{14}$ bis $5 \cdot 10^{16}$	390 nm bis 5 nm
Röntgenstrahlen	$3 \cdot 10^{16}$ bis $3 \cdot 10^{20}$	10 nm bis 1 pm
Gammastrahlen	10^{18} bis 10^{22}	300 pm bis 0,03 pm
Kosmische Strahlen	10^{22} bis 10^{24}	0,03 pm bis 0,0003 pm

➡ 66

Lichtgeschwindigkeiten

Stoff	c in $\frac{km}{s}$	Stoff	c in $\frac{km}{s}$
Diamant	125 000	Kohlenstoffdisulfid	184 000
Flintglas	186 000	Wasser	225 000
Kronglas	200 000	Luft	299 711
Polystyren	189 000	Vakuum	299 792

Brechzahlen für den Übergang des Lichts aus Luft in den betreffenden Stoff ($n_{Luft} \approx n_{Vakuum}$) für die gelbe Natriumlinie ($\lambda = 589{,}3$ nm)

Stoff	n	Stoff	n
Äthanol	1,362	Kronglas, leicht	1,515
Diamant	2,417	Kronglas, schwer	1,615
Eis	1,31	Polyäthylen	1,51
Flintglas, leicht	1,608	Quarzglas	1,459
Flintglas, schwer	1,754	Steinsalz	1,544
Glyzerol	1,469	Vakuum	0,99971
Kohlenstoffdisulfid	1,629	Wasser	1,333

Wellenlängen und Frequenzen einiger Spektrallinien

Stoff	λ in nm	f in 10^{14} s^{-1}	Lichtfarbe
Wasserstoff (Balmerserie)	656	4,57	Rot
	486	6,17	Blau
	434	6,91	Indigo
	410	7,32	Violett
	397	7,56	Violett
	389	7,71	UV
Helium	707	4,24	Rot
	668	4,49	Rot
	588	5,10	Gelb
	502	5,98	Grün
	492	6,10	Grün
	471	6,37	Blau
	447	6,71	Indigo
Natrium	590	5,08	Gelb
	589	5,09	Gelb
Quecksilber	579	5,18	Gelb
	577	5,20	Gelb
	546	5,49	Grün
	491	6,11	Blau
	436	6,88	Indigo
	408	7,35	Violett
	405	7,41	Violett
	365	8,22	UV
	313	9,58	UV
	254	11,8	UV

Kernstrahlung

Radionuklid	Art der Strahlung	Maximalenergie in MeV	Halbwertszeit in Jahren
Natrium-22	β^+	0,54	2,6
	γ		
Kobalt-60	γ	1,33	5,3
	β^-	0,3	
Krypton-85	β^-	0,67	10,6
Zäsium-137	γ	0,66	30
	β^-	0,51	
Blei-210 (Ra-D)	α	5,3	22
	β^-	0,5	
	γ	0,05	
Plutonium-236	α		2,7
Amerizium-241	α	5,5	458
	γ		

Statik

Druck

$$p = \frac{F}{A}$$

Drehmoment

$$M = r \cdot F \quad (\vec{r} \perp \vec{F})$$

Zusammensetzung von zwei Kräften $\vec{F}_1$ und $\vec{F}_2$

$\vec{F}_1$ und $\vec{F}_2$ sind gleich gerichtet $\vec{F}_1$ $\vec{F}_2$ $\vec{F}_R$ $F_R = F_1 + F_2$	$\vec{F}_1$ und $\vec{F}_2$ sind entgegengesetzt gerichtet $\vec{F}_1$ $\vec{F}_R$ $\vec{F}_2$ $F_R = F_1 - F_2$
$\vec{F}_1$ und $\vec{F}_2$ stehen senkrecht zueinander $\vec{F}_2$ $\vec{F}_R$ $\vec{F}_1$ $F_R = \sqrt{F_1^2 + F_2^2}$	$\vec{F}_1$ und $\vec{F}_2$ bilden einen beliebigen Winkel α miteinander $\vec{F}_2$ $\vec{F}_R$ α $\vec{F}_1$ $F_R = \sqrt{F_1^2 + F_2^2 + 2\,F_1 \cdot F_2 \cdot \cos\alpha}$

Gewichtskraft

$$F_G = m \cdot g$$

Gleichgewichtsbedingung

für einen Massepunkt $\sum_{k=1}^{n} \vec{F}_k = \vec{o}$

für einen drehbaren starren Körper $\sum_{k=1}^{n} \vec{M}_k = \vec{o}$

Kinematik

Geschwindigkeit

$$v = \frac{s}{t} \qquad \bar{v} = \frac{\Delta s}{\Delta t} \qquad v = \frac{d s}{d t}$$

Winkelgeschwindigkeit

$$\omega = \frac{\sigma}{t} \qquad \bar{\omega} = \frac{\Delta \sigma}{\Delta t} \qquad \omega = \frac{d \sigma}{d t}$$

Drehzahl

$$n = \frac{1}{T}$$

Beschleunigung

$$a = \frac{v}{t} \qquad \bar{a} = \frac{\Delta v}{\Delta t} \qquad a = \frac{d v}{d t}$$

Winkelbeschleunigung

$$\alpha = \frac{\omega}{t} \qquad \bar{\alpha} = \frac{\Delta \omega}{\Delta t} \qquad \alpha = \frac{d \omega}{d t}$$

Zusammensetzung von zwei Geschwindigkeiten $\vec{v}_1$ und $\vec{v}_2$

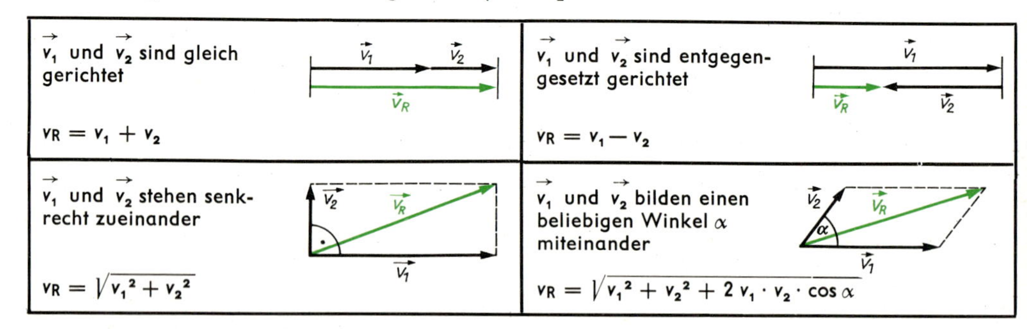

$\vec{v}_1$ und $\vec{v}_2$ sind gleich gerichtet $v_R = v_1 + v_2$	$\vec{v}_1$ und $\vec{v}_2$ sind entgegengesetzt gerichtet $v_R = v_1 - v_2$
$\vec{v}_1$ und $\vec{v}_2$ stehen senkrecht zueinander $v_R = \sqrt{v_1^2 + v_2^2}$	$\vec{v}_1$ und $\vec{v}_2$ bilden einen beliebigen Winkel α miteinander $v_R = \sqrt{v_1^2 + v_2^2 + 2\, v_1 \cdot v_2 \cdot \cos \alpha}$

Bewegungsgesetze

Gleichförmige Bewegung

Weg	Geschwindigkeit	Beschleunigung
$s = v \cdot t + s_0$	$v =$ konst. $v = \frac{s}{t}$ Kreisbewegung: Bahngeschwindigkeit $v = \frac{s}{t} = \frac{2\pi \cdot r}{T}$ $v = \omega \cdot r$	$a = 0$ Kreisbewegung: Tangentialbeschleunigung $a_t = 0$ Radialbeschleunigung $a_r = \frac{v^2}{r} = \omega^2 \cdot r$

Gleichmäßig beschleunigte Bewegung

	Weg	Geschwindigkeit	Beschleunigung
(a) $v_0 = 0$ $s_0 = 0$	$s = \frac{a}{2} \cdot t^2$ $s = \frac{v \cdot t}{2}$	$v = a \cdot t$ $v = \sqrt{2\,a \cdot s}$	$a =$ konst. $a = \frac{v}{t}$
(b) $v_0 \neq 0$ $s_0 \neq 0$	$s = \frac{a}{2} \cdot t^2 + v_0 \cdot t + s_0$	$v = a \cdot t + v_0$	Kreisbewegung: Tangentialbeschleunigung $a_t = \alpha \cdot r$
Allgemein gilt	$s = \int_{t_1}^{t_2} v\,dt$	$v = \int_{t_1}^{t_2} a\,dt$; $v = \frac{ds}{dt}$	$a = \frac{dv}{dt}$; $a = \frac{d^2 s}{dt^2}$

Weg-Zeit-Gesetz

Gleichförmige Bewegung	Gleichmäßig beschleunigte Bewegung
$s = v \cdot t + s_0$	$s = \frac{a}{2} \cdot t^2 + v_0 \cdot t + s_0$

Ort-Zeit-Gesetz (Ortskoordinaten sind mit Vorzeichen versehen)

Gleichförmige Bewegung	Gleichmäßig beschleunigte Bewegung
$x = v_x \cdot t + x_0$	$x = \frac{a_x}{2} \cdot t^2 + v_{0_x} \cdot t + x_0$

Gleichförmige Rotation

Drehwinkel	Winkelgeschwindigkeit	Winkelbeschleunigung
$\sigma = \omega \cdot t + \sigma_0$	$\omega =$ konst. $\omega = \frac{\sigma}{t} = \frac{2\pi}{T} = 2\pi \cdot n$; $\omega = \frac{v}{r}$	$\alpha = 0$

Gleichmäßig beschleunigte Rotation

	Drehwinkel	Winkelgeschwindigkeit	Winkelbeschleunigung
(a) $\omega_0 = 0$ $\sigma_0 = 0$	$\sigma = \frac{\alpha}{2} \cdot t^2$ $\sigma = \frac{\omega \cdot t}{2}$	$\omega = \alpha \cdot t$	$\alpha =$ konst. $\alpha = \frac{\omega}{t}$
(b) $\omega_0 \neq 0$ $\sigma_0 \neq 0$	$\sigma = \frac{\alpha}{2} \cdot t^2 + \omega_0 \cdot t + \sigma_0$	$\omega = \alpha \cdot t + \omega_0$	$\alpha = \frac{a}{r}$

➡ 70

Analoge Größen und ihr Zusammenhang

Translation	Rotation	
Weg s Geschwindigkeit v Beschleunigung a	Drehwinkel σ Winkelgeschwindigkeit ω Winkelbeschleunigung α	$s = \sigma \cdot r$ $v = \omega \cdot r$ $a = \alpha \cdot r$

Senkrechter Wurf

	Senkrechter Wurf	
	nach oben	nach unten
Ort-Zeit-Gesetz	$y = v_0 \cdot t - \frac{g}{2} \cdot t^2$	$y = -v_0 \cdot t - \frac{g}{2} \cdot t^2$
Geschwindigkeit-Zeit-Gesetz	$v = v_0 - g \cdot t$	$v = -v_0 - g \cdot t$
Steigzeit	$t_h = \frac{v_0}{g}$	
Steighöhe	$s_h = \frac{v_0^2}{2g}$	

Waagerechter Wurf

Ort-Zeit-Gesetz	$x = v_0 \cdot t \qquad y = -\frac{g}{2} \cdot t^2$
Geschwindigkeit-Zeit-Gesetz	$v = \sqrt{v_0^2 + (g \cdot t)^2}$
Wurfparabel	$y = -\frac{g}{2 v_0^2} \cdot x^2$

Schräger Wurf

Ort-Zeit-Gesetz	$x = v_0 \cdot t \cdot \cos\alpha \qquad y = -\frac{g}{2} \cdot t^2 + v_0 \cdot t \cdot \sin\alpha$
Geschwindigkeit-Zeit-Gesetz	$v = \sqrt{v_0^2 + (g \cdot t)^2 - 2 v_0 \cdot g \cdot t \cdot \sin\alpha}$
Wurfparabel	$y = -\frac{g}{2} \cdot \frac{x^2}{v_0^2 \cdot \cos^2\alpha} + x \cdot \tan\alpha$
Wurfweite	$s_W = \frac{v_0^2 \cdot \sin 2\alpha}{g}$

Dynamik

Grundgesetz der Dynamik

für die Translation $\vec{F} = m \cdot \vec{a}$ für die Rotation $M = J \cdot \alpha$

Kreisbewegung eines Massepunktes

Radialbeschleunigung

$$a_r = \frac{v^2}{r} = \omega^2 \cdot r$$

Radialkraft

$$F_r = m \cdot a_r \qquad F_r = m \cdot \frac{v^2}{r} = m \cdot \omega^2 \cdot r$$

Rotation eines starren Körpers

Drehmoment

$$M = r \cdot F \qquad (\vec{r} \perp \vec{F})$$

Trägheitsmoment $J = \int r^2 \, dm$

Körper	Trägheitsmoment
Massepunkt	$J = m \cdot r^2$
Dünner Kreisring	$J = m \cdot r^2$
Vollzylinder	$J = \frac{1}{2} m \cdot r^2$
Hohlzylinder	$J = \frac{1}{2} m \, (r_a^2 + r_i^2)$
Kugel	$J = \frac{2}{5} m \cdot r^2$

Arbeit und Energie

Mechanische Arbeit W

Bedingung	Bestimmung der Arbeit
$F \neq$ konst. $\sphericalangle (\vec{F}, \vec{s}) = 0$	$W = \int_{s_1}^{s_2} F(s) \, ds$ (Auszählen der Fläche im F-s-Diagramm)
$F =$ konst. $\sphericalangle (\vec{F}, \vec{s}) = \alpha \neq 0$	$W = F \cdot s \cdot \cos \alpha$
$F =$ konst. $\sphericalangle (\vec{F}, \vec{s}) = 0$	$W = F \cdot s$

Hubarbeit

$W_H = F_G \cdot h = m \cdot g \cdot h$

Reibungsarbeit

$W_R = F_R \cdot s = \mu \cdot F_N \cdot s$

Beschleunigungsarbeit

$W_B = F_B \cdot s = m \cdot a \cdot s$

Arbeit im Gravitationsfeld

$W_G = \gamma \cdot m_1 \cdot m_2 \left(\frac{1}{r_1} - \frac{1}{r_2} \right)$

Federspannarbeit

$W_F = \frac{1}{2} F_E \cdot s = \frac{1}{2} k \cdot s^2$ F_E: Endkraft
k: Federkonstante

Mechanische Energie E

Potentielle Energie eines Körpers im erdnahen Gravitationsfeld	Potentielle Energie einer gespannten Feder	Kinetische Energie der Translation	Kinetische Energie der Rotation
$E_{pot} = F_G \cdot h$ $= m \cdot g \cdot h$	$E_{pot} = \frac{1}{2} F_E \cdot s$ $= \frac{1}{2} k \cdot s^2$	$E_{kin} = \frac{1}{2} m \cdot v^2$	$E_{kin} = \frac{1}{2} J \cdot \omega^2$

Gesetz von der Erhaltung der mechanischen Energie

In einem abgeschlossenen reibungsfreien mechanischen System gilt
$E_{ges} = E_{pot} + E_{kin} = \text{konst.}$
$E_{pot, a} + E_{kin, a} = E_{pot, e} + E_{kin, e}$

Zusammenhang zwischen Arbeit und Energie

$W = \Delta (E_{pot} + E_{kin})$ $W = E_{mech, e} - E_{mech, a}$

Leistung

$P = \frac{W}{t}$ $P = F \cdot v$ (für v = konst.)

Wirkungsgrad

$\eta = \frac{W_{Nutz}}{W_{zu}}$ $\eta = \frac{P_{Nutz}}{P_{zu}}$

Kraftstoß, Impuls, Stoßvorgänge

Kraftstoß

$S = \overline{F} \cdot \Delta t$ $\overline{F}$: mittlere Kraft $S = F \cdot \Delta t$ (für F = konst.)

Impuls

$p = m \cdot v$

Gesetz von der Erhaltung des Impulses

Abgeschlossenes mechanisches System	$\sum_{k=1}^{n} \vec{p}_k = \text{konst.}$
Abgeschlossenes mechanisches System aus zwei Körpern	$m_1 \cdot \vec{v}_1 + m_2 \cdot \vec{v}_2 = m_1 \cdot \vec{u}_1 + m_2 \cdot \vec{u}_2$

Zusammenhang zwischen Kraftstoß und Impuls

$S = \Delta p$ $\qquad S = \Delta (m \cdot v)$ $\qquad \overline{F} \cdot \Delta t = \Delta (m \cdot v)$

Stoßvorgänge

	Elastischer Stoß (gerade, zentral)	Unelastischer Stoß (gerade, zentral)
Impuls	$m_1\vec{v_1} + m_2\vec{v_2} = m_1\vec{u_1} + m_2\vec{u_2}$	$m_1\vec{v_1} + m_2\vec{v_2} = (m_1 + m_2)\,\vec{u}$
Energie	$E_{kin,\,a} = E_{kin,\,e}$ $\Delta E_{kin} = 0$	$E_{kin,\,a} > E_{kin,\,e}$ $\Delta E_{kin} = \frac{1}{2}(m_1 v_1^2 + m_2 v_2^2) - \frac{1}{2} u^2 (m_1 + m_2)$
Geschwindigkeiten nach dem Stoß	$u_1 = \frac{(m_1 - m_2)\,v_1 + 2\,m_2 v_2}{m_1 + m_2}$ $u_2 = \frac{(m_2 - m_1)\,v_2 + 2\,m_1 v_1}{m_1 + m_2}$	$u = \frac{m_1 v_1 + m_2 v_2}{m_1 + m_2}$

Gravitation

Gravitationsgesetz

$$F = \gamma \cdot \frac{m_1 \cdot m_2}{r^2}$$

γ: Gravitationskonstante

Arbeit im Gravitationsfeld

$$W = \gamma \cdot m_1 \cdot m_2 \left(\frac{1}{r_1} - \frac{1}{r_2}\right)$$

Kosmische Geschwindigkeiten

1. kosmische Geschwindigkeit (Kreisbahngeschwindigkeit, Bahngeschwindigkeit von Satelliten)	$v_k = \sqrt{\frac{\gamma \cdot m}{r}}$ $v_{k,\,Erde} \approx 7{,}9\ km \cdot s^{-1}$
2. kosmische Geschwindigkeit (Parabelbahngeschwindigkeit)	$v_p = \sqrt{\frac{2\gamma \cdot m}{r}}$ $v_{p,\,Erde} \approx 11{,}2\ km \cdot s^{-1}$

Keplersche Gesetze

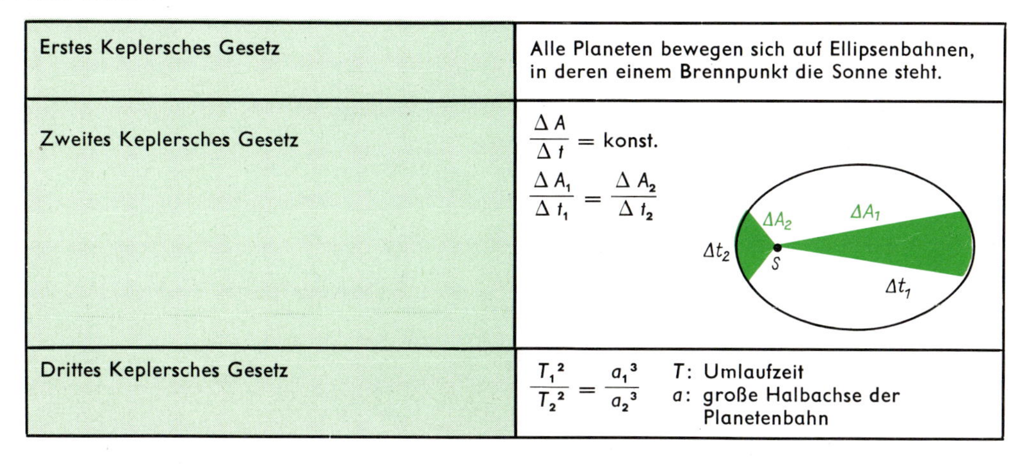

Erstes Keplersches Gesetz	Alle Planeten bewegen sich auf Ellipsenbahnen, in deren einem Brennpunkt die Sonne steht.
Zweites Keplersches Gesetz	$\frac{\Delta A}{\Delta t} = \text{konst.}$ $\frac{\Delta A_1}{\Delta t_1} = \frac{\Delta A_2}{\Delta t_2}$
Drittes Keplersches Gesetz	$\frac{T_1^2}{T_2^2} = \frac{a_1^3}{a_2^3}$ T: Umlaufzeit a: große Halbachse der Planetenbahn

Spezielle Relativitätstheorie

Galilei-Transformation

$$x = x' + v \cdot t \qquad y = y' \qquad z = z' \qquad t = t'$$

Lorentz-Transformation

$$x = \frac{x' + v \cdot t'}{\sqrt{1 - \frac{v^2}{c^2}}} \qquad y = y' \qquad z = z' \qquad t = \frac{t' + x' \cdot \frac{v}{c^2}}{\sqrt{1 - \frac{v^2}{c^2}}}$$

Relativistisches Additionsgesetz für Geschwindigkeiten

$$v = \frac{v' + u}{1 + \frac{v' \cdot u}{c^2}}$$

Relativistische Masse

$$m = \frac{m_0}{\sqrt{1 - \frac{v^2}{c^2}}}$$

m_0: Ruhemasse

Masse-Energie-Beziehung

$$E = m \cdot c^2 \qquad E_0 = m_0 \cdot c^2 \qquad \Delta E_0 = \Delta m_0 \cdot c^2$$

Gesamtenergie

$$E \approx m_0 \cdot c^2 + \frac{1}{2} m_0 \cdot v^2$$

Zeitdilatation

$$t = \frac{t'}{\sqrt{1 - \frac{v^2}{c^2}}} \qquad t > t'$$

Längenkontraktion

$$l = l' \cdot \sqrt{1 - \frac{v^2}{c^2}} \qquad l < l'$$

Gleichstrom

Elektrische Stromstärke

$$I = \frac{Q}{t}$$

Q: elektrische Ladung

Elektrische Spannung

$$U = \frac{W}{Q}$$

Elektrischer Widerstand

$$R = \frac{U}{I}$$

Elektrische Leistung

$$P = U \cdot I \qquad P = I^2 \cdot R \qquad P = \frac{U^2}{R}$$

Widerstandsgesetz

$$R = \frac{\varrho \cdot l}{A}$$

Bedingung: $T =$ konst.

ϱ: spezifischer elektrischer Widerstand (↗ S. 65)

Elektrische Arbeit

$$W = U \cdot I \cdot t \qquad W = U \cdot Q \qquad W = I^2 \cdot R \cdot t \qquad W = \frac{U^2 \cdot t}{R}$$

Unverzweigter und verzweigter Stromkreis

Art des Stromkreises	Unverzweigter Stromkreis (Reihenschaltung von Widerständen)	Verzweigter Stromkreis (Parallelschaltung von Widerständen)
Schaltplan	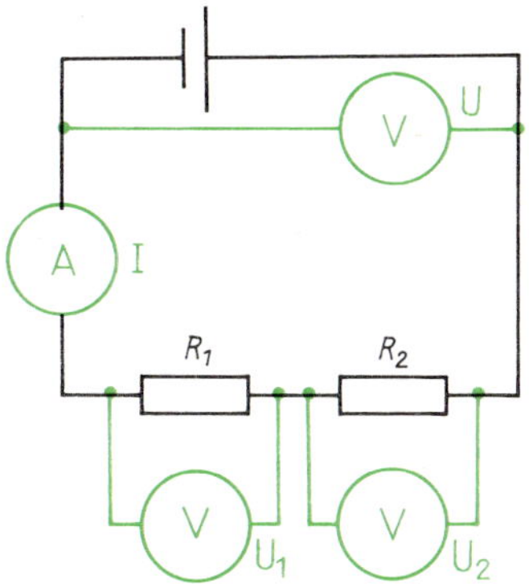	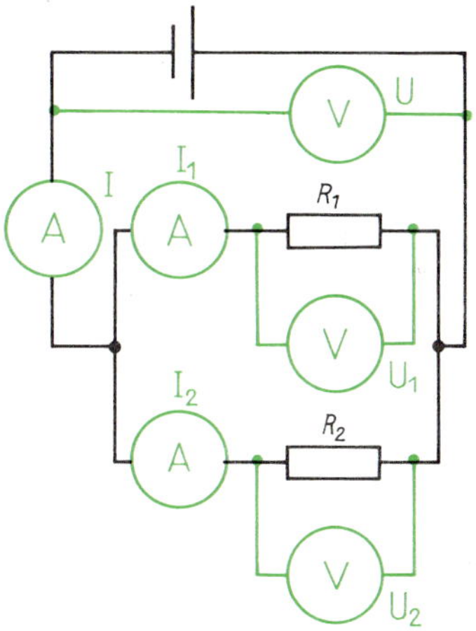
Elektrische Stromstärke	$I = I_1 = I_2 = \ldots = I_n$	$I = I_1 + I_2 + \ldots + I_n$
Elektrische Spannung	$U = U_1 + U_2 + \ldots + U_n$	$U = U_1 = U_2 = \ldots = U_n$
Elektrischer Widerstand	$R = R_1 + R_2 + \ldots + R_n$	$\frac{1}{R} = \frac{1}{R_1} + \frac{1}{R_2} + \ldots + \frac{1}{R_n}$
Für zwei Widerstände gilt:		
	Spannungsteilerregel $\frac{U_1}{U_2} = \frac{R_1}{R_2}$	Stromteilerregel $\frac{I_1}{I_2} = \frac{R_2}{R_1}$
		$R = \frac{R_1 \cdot R_2}{R_1 + R_2}$

Elektrostatisches Feld

Elektrische Ladung

$Q = \int_{t_1}^{t_2} I \cdot dt$ Wenn I = konst., gilt: $Q = I \cdot t$

(Auszählen der Fläche im I-t-Diagramm)

Kraft zwischen Ladungen (Coulombsches Gesetz)

$$F = \frac{1}{4\pi \cdot \varepsilon} \cdot \frac{Q_1 \cdot Q_2}{r^2}$$

Dielektrizitätskonstante

$\varepsilon = \varepsilon_0 \cdot \varepsilon_r$

ε_0: elektrische Feldkonstante (↗ S. 59)
ε_r: relative Dielektrizitätskonstante (↗ S. 64)

Elektrische Feldstärke

$$\vec{E} = \frac{\vec{F}}{Q}$$

Für das homogene Feld des Plattenkondensators gilt: $E = \frac{U}{s}$

Im Abstand r von einer Punktladung Q gilt: $E = \frac{Q}{4\pi \cdot \varepsilon \cdot r^2}$

Kapazität eines Kondensators

$$C = \frac{Q}{U}$$

Für den Plattenkondensator gilt: $C = \varepsilon \cdot \frac{A}{s}$

Kinetische Energie eines Ladungsträgers nach der Beschleunigung in einem elektrischen Feld (im Vakuum)

$E_{kin} = n \cdot e \cdot U$ $\qquad$ $E_{kin} = Q \cdot U$

Magnetostatisches Feld

Magnetische Flußdichte

$B = \frac{F}{I \cdot l}$ $\qquad$ $B = \frac{F}{Q \cdot v}$

Für das homogene Feld einer langen Spule gilt: $B = \mu \cdot I \cdot \frac{N}{l}$

Permeabilität

$$\mu = \mu_0 \cdot \mu_r$$

μ_0: magnetische Feldkonstante (↗ S. 59)
μ_r: relative Permeabilität (↗ S. 64)

Kraft auf stromdurchflossenen Leiter

$$F = I \cdot l \cdot B$$

Bedingungen: Stromdurchflossener Leiter, $\vec{B}$ und $\vec{F}$ stehen jeweils senkrecht aufeinander.

Kraft auf bewegten Ladungsträger (Lorentzkraft)

$$F_L = n \cdot e \cdot v \cdot B$$

Bedingungen: $\vec{v} \perp \vec{B}$ und $\vec{F} \perp \vec{v}$

Elektromagnetisches Feld

Induktionsgesetz

$U_{ind} = \frac{d\,\Phi}{dt}$; $U_{ind} = \frac{d\,(B \cdot A)}{dt}$

Wenn B = konst., gilt: $U_{ind} = B \cdot \frac{dA}{dt}$.

Wenn A = konst., gilt: $U_{ind} = A \cdot \frac{dB}{dt}$.

Magnetischer Fluß

$\Phi = B \cdot A$
(↗ Bild)

A: wirksame Fläche der Induktionsspule
$A = N \cdot A_0 \cdot \cos\alpha$
A_0: Fläche der einzelnen Windung
N: Windungsanzahl
α: Winkel, den die Fläche A_0 mit der Ebene bildet, die senkrecht zu B liegt

Selbstinduktionsspannung

$$U_{ind} = L \cdot \frac{dI}{dt}$$

Induktivität

$$L = \mu \cdot \frac{N^2}{l} \cdot A_0$$

Wechselstrom

Momentanwert der Wechselspannung

$u = u_{max} \cdot \sin(\omega \cdot t)$

u_{max}: Maximalwert der Wechselspannung
ω: Kreisfrequenz (↗ S. 80)

Momentanwert der Wechselstromstärke

$i = i_{max} \cdot \sin(\omega \cdot t)$

i_{max}: Maximalwert der Wechselstromstärke

Effektivwert der Wechselspannung

$U = \frac{1}{2}\sqrt{2} \cdot u_{max}$

$U \approx 0{,}707 \cdot u_{max}$

Effektivwert der Wechselstromstärke

$I = \frac{1}{2}\sqrt{2} \cdot i_{max}$

$I \approx 0{,}707 \cdot i_{max}$

Ohmscher Widerstand; induktiver Widerstand; kapazitiver Widerstand

Ohmscher Widerstand R	Induktiver Widerstand X_L	Kapazitiver Widerstand X_C
$R = \frac{U}{I}$	$X_L = \omega \cdot L$; $X_L = \frac{U}{I}$ dabei $\varphi = \frac{\pi}{2}$ φ: Phasenverschiebung	$X_C = \frac{1}{\omega \cdot C}$; $X_C = \frac{U}{I}$ dabei $\varphi = -\frac{\pi}{2}$

Scheinwiderstand bei Reihenschaltung	$Z = \sqrt{R^2 + (X_L - X_C)^2}$
Blindwiderstand bei Reihenschaltung	$X = \omega \cdot L - \frac{1}{\omega \cdot C}$
Scheinleistung	$P_s = U \cdot I$
Phasenverschiebung	$\tan \varphi = \frac{X_L - X_C}{R}$
Scheinarbeit	$W_s = P_s \cdot t = U \cdot I \cdot t$
Leistungsfaktor	$\cos \varphi = \frac{P_W}{P_s}$
Wirkleistung	$P_W = U \cdot I \cdot \cos \varphi = P_s \cdot \cos \varphi$
Wirkarbeit	$W_W = P_W \cdot t = U \cdot I \cdot t \cdot \cos \varphi$

Spannungsverhältnis am Transformator

$\frac{U_1}{U_2} = \frac{N_1}{N_2}$

Bedingung: Transformator ist unbelastet ($I_2 = 0$).

Stromstärkeverhältnis am Transformator

$$\frac{I_2}{I_1} = \frac{N_1}{N_2}$$

Bedingung: Transformator ist belastet ($I_2 \neq 0$).

Thomsonsche Schwingungsgleichung

$$T = 2\pi \cdot \sqrt{L \cdot C} \qquad f = \frac{1}{2\pi \cdot \sqrt{L \cdot C}}$$

Kinetische Gastheorie

Mittlere kinetische Energie der Moleküle

$$\bar{E}_{kin} = \frac{\sum_{i=1}^{n} N_i \cdot \bar{E}_i}{N}$$

N: Teilchenanzahl
$\bar{E}_i$: mittlere Energie im jeweiligen Intervall

Innere Energie des idealen Gases

$$U = N \cdot \bar{E}_{kin}$$

Druck-Volumen-Gesetz

$$p \cdot V = \frac{2}{3} N \cdot \bar{E}_{kin}$$

Mittlere Geschwindigkeit der Moleküle des idealen Gases

$$\bar{v} \approx \sqrt{\frac{3p}{\varrho}} \qquad \bar{v} = \sqrt{3R \cdot T}$$

Zusammenhang zwischen mittlerer kinetischer Energie der Moleküle und der Temperatur

$$\frac{1}{2} m \cdot \bar{v}^2 = \frac{3}{2} k \cdot T$$

k: Boltzmannkonstante (↗ S. 59)

Phänomenologische Thermodynamik

Volumenarbeit

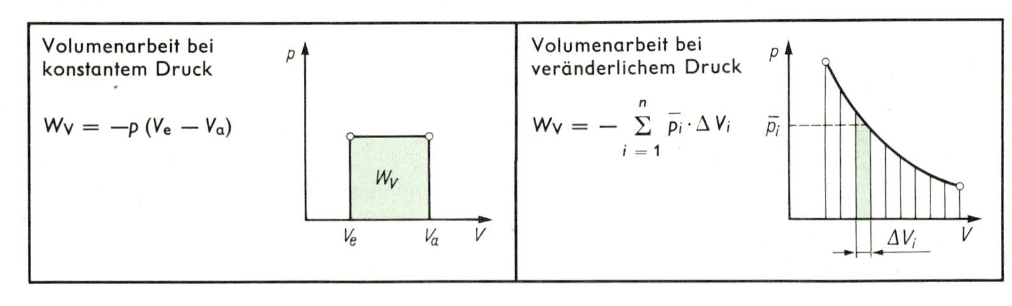

Erster Hauptsatz der Thermodynamik

$$\Delta U = Q + W \qquad U_e - U_a = Q + W$$

Kalorische Zustandsgleichungen

Kalorische Zustandsgleichung bei konstantem Volumen	Kalorische Zustandsgleichung bei konstantem Druck (Grundgleichung der Wärmelehre)
$U_e - U_a = m \cdot c_v \cdot (T_e - T_a)$	$Q = m \cdot c_p \cdot (T_e - T_a)$

Isobare Wärmeübertragung (p = konst.)

$$-Q_A = Q_B \qquad -m_A \cdot c_{p,A} \cdot (T_e - T_a)_A = m_B \cdot c_{p,B} \cdot (T_e - T_a)_B$$

Richmannsche Mischungsregel

$$T_m = \frac{m_A \cdot c_{p,A} \cdot T_{a,A} + m_B \cdot c_{p,B} \cdot T_{a,B}}{m_A \cdot c_{p,A} + m_B \cdot c_{p,B}}$$

Thermischer Wirkungsgrad

$$\eta_{th} = 1 - \frac{T_{ab}}{T_{zu}}$$

Thermodynamisches Verhalten der Stoffe

Feste Stoffe und Flüssigkeiten

Spezifische Schmelzwärme

$$q_S = \frac{Q_S}{m}$$

Spezifische Verdampfungswärme

$$q_V = \frac{Q_V}{m}$$

Längenänderung

$\Delta l = \alpha \cdot l \cdot \Delta T$ α: linearer Ausdehnungskoeffizient (↗ S. 61)
Länge eines Körpers: $l \approx l_0 (1 + \alpha \cdot \Delta T)$

Volumenänderung

$\Delta V = \gamma \cdot V \cdot \Delta T$ $\gamma \approx 3 \cdot \alpha$ γ: kubischer Ausdehnungskoeffizient
Volumen eines Körpers: $V \approx V_0 (1 + \gamma \cdot \Delta T)$

Ideales Gas

Thermische Zustandsgleichung des idealen Gases

$p \cdot V = m \cdot R \cdot T$ R: spezifische Gaskonstante (↗ S. 64)
Thermische Zustandsgleichung des idealen Gases für eine abgeschlossene Gasmenge (m = konst., R = konst.): $\frac{p \cdot V}{T}$ = konst.

Zustandsänderungen

Isotherme Zustandsänderung	Isochore Zustandsänderung	Isobare Zustandsänderung	Adiabatische Zustandsänderung
T = konst.	V = konst.	p = konst.	$Q = 0$
$p \cdot V$ = konst. $p_a \cdot V_a = p_e \cdot V_e$	$\frac{p}{T}$ = konst. $\frac{p_a}{T_a} = \frac{p_e}{T_e}$	$\frac{V}{T}$ = konst. $\frac{V_a}{T_a} = \frac{V_e}{T_e}$	
$\Delta U = 0$ $-W_V = Q$	$W_V = 0$ $U_e - U_a = Q$	$U_e - U_a = Q + W_V$	$Q = 0$ $U_e - U_a = W_V$

Schwingungen

Periode, Schwingungsdauer (↗ S. 56)

$$T = \frac{t}{n} \qquad T = \frac{1}{f}$$

n: Anzahl der Schwingungen

Frequenz

$$f = \frac{n}{t} \qquad f = \frac{1}{T}$$

Kreisfrequenz

$$\omega = 2\pi \cdot f \qquad \omega = \frac{2\pi}{T}$$

Harmonische Schwingungen

Momentanwert einer sich zeitlich periodisch verändernden physikalischen Größe (Elongation)

$$y = y_{max} \cdot \sin(\omega \cdot t)$$

Schwingungsdauer eines Pendelschwingers (kleiner Ausschlag; Massenpunkt)

$$T = 2\pi \cdot \sqrt{\frac{l}{g}}$$

Schwingungsdauer eines Federschwingers

$$T = 2\pi \cdot \sqrt{\frac{m}{k}}$$

k: Federkonstante

Schwingungsdauer eines Torsionsschwingers

$$T = 2\pi \cdot \sqrt{\frac{J}{D}}$$

D: Direktionskonstante

Thomsonsche Schwingungsgleichung

$$T = 2\pi \cdot \sqrt{L \cdot C} \qquad f = \frac{1}{2\pi \cdot \sqrt{L \cdot C}}$$ (↗ S. 78)

Wellen

Grundgleichung der Wellenausbreitung

$$v = \lambda \cdot f$$

v: Phasengeschwindigkeit

Reflexionsgesetz

$$\alpha = \alpha'$$

Brechungsgesetz

$$\frac{\sin \alpha}{\sin \beta} = \frac{n_b}{n_a}$$ (↗ S. 66)

Interferenzgleichung für Maxima

$$\frac{n \cdot \lambda}{b} = \frac{s_n}{e_n}$$ (↗ S. 81)

Strahlenoptik

Reflexionsgesetz

$$\alpha = \alpha'$$

Brechungsgesetz (für den Übergang vom Stoff a zum Stoff b)

$$\frac{\sin \alpha}{\sin \beta} = \frac{n_b}{n_a}$$

$$\frac{\sin \alpha}{\sin \beta} = n$$

n_a: Brechzahl beim Übergang vom Vakuum zum Stoff a
n_b: Brechzahl beim Übergang vom Vakuum zum Stoff b
n: Brechzahl (↗ S. 66)

Abbildungsgleichung für dünne Linsen

$$\frac{1}{f} = \frac{1}{s} + \frac{1}{s'}$$

f: Brennweite
s: Gegenstandsweite
s': Bildweite

Abbildungsmaßstab

$$\frac{y}{y'} = \frac{s}{s'}$$

y: Gegenstandsgröße
y': Bildgröße

Wellenoptik

Phasengeschwindigkeit einer Welle

$$c = \lambda \cdot f$$

Interferenzgleichung für Maxima

$$\frac{n \cdot \lambda}{b} = \frac{s_n}{e_n}$$

$$\frac{n \cdot \lambda}{b} = \sin \alpha_n$$

n: 1, 2, 3, ...
b: Gitterkonstante
s_n: Abstand zwischen dem jeweiligen Maximum und dem Maximum 0. Ordnung
e_n: Abstand zwischen dem Interferenzstreifen und der Mitte des Doppelspalts bzw. Gitters

Quanteneigenschaften des Lichts

Energie eines Lichtquants

$$E = h \cdot f$$

h: Plancksches Wirkungsquantum (↗ S. 59)

Energiebilanz beim äußeren lichtelektrischen Effekt (Einsteinsche Gleichung)

$$h \cdot f = E_{kin} + W_A$$

$$h \cdot f = \frac{1}{2} m_{e_0} \cdot v^2 + W_A$$

W_A: Austrittsarbeit (↗ S. 65)

Kinetische Energie der Elektronen beim äußeren lichtelektrischen Effekt

$$E_{kin} = h \cdot f - W_A$$

Austrittsarbeit

$$W_A = h \cdot f_G$$

f_G: Grenzfrequenz

Termformel für das H-Atom

$$f = \frac{R_y}{m^2} - \frac{R_y}{n^2}$$

mit $m = 1,\ n = 2, 3, 4, \ldots$ Lyman-Serie
$m = 2,\ n = 3, 4, 5, \ldots$ Balmer-Serie
R_y: Rydberg-Frequenz (↗ S. 59)

Frequenz des emittierten Lichts

$$f = \frac{\Delta E}{h}$$

ΔE: abgegebener Energiebetrag

Atomphysik

Atomare Masseneinheit

$$1\,u = \frac{1}{12} m_A \left({}^{12}_{6}\mathrm{C}\right)$$

(↗ S. 59)

Zerfallsgesetz

$$N = N_0 \cdot e^{-\lambda t}$$

λ: Zerfallskonstante

➡ 82

Relative Atommasse

$$A_r = \frac{m_A}{u}$$

Massenzahl

$$A = Z + N$$

Massendefekt

$$\Delta m_0 = (Z \cdot m_{p_0} + N \cdot m_{n_0}) - m_{k_0}$$

Kernbindungsenergie

$$E_B = \Delta m_0 \cdot c^2$$

Astronomie

Einheiten

Astronomische Einheit (AE)	1 AE = $149{,}6 \cdot 10^6$ km
Parsec (pc)	1 pc = $30{,}86 \cdot 10^{12}$ km = 206 265 AE
Lichtjahr (ly)	1 ly = $9{,}461 \cdot 10^{12}$ km = 0,3067 pc

Erde

Neigung der Erdachse (1970)	$\varepsilon = 23° 26' 35{,}5'' \approx 23{,}5°$
Radius, mittlerer	$R_E = 6{,}371 \cdot 10^3$ km
am Äquator; am Pol	$a = 6{,}378 \cdot 10^3$ km; $b = 6{,}357 \cdot 10^3$ km
Abplattung	$(a - b) : a \approx 1 : 300$
Volumen	$V_E = 1{,}083 \cdot 10^{12}$ km³
Masse	$m_E = 5{,}979 \cdot 10^{24}$ kg
Mittlere Dichte	$\varrho_E = 5{,}518 \cdot 10^3$ kg $\cdot$ m^{-3}
Fallbeschleunigung in Höhe des Meeresspiegels	
mittlere	$g = 9{,}81$ m $\cdot$ s^{-2}
am Äquator; am Pol	$g_A = 9{,}78$ m $\cdot$ s^{-2}; $g_P = 9{,}83$ $m \cdot$ s^{-2}
Mittlerer Luftdruck in Höhe des Meeresspiegels	$p = 101{,}3$ kPa
Solarkonstante	$S = 1{,}374$ kW $\cdot$ m^{-2}
Mittlere Geschwindigkeit in der Bahn	$v_E = 29{,}785$ km $\cdot$ s^{-1}

Mond

Mittlere Entfernung von der Erde	$S_M = 3{,}844 \cdot 10^5$ km
Mittlerer scheinbarer Radius	$R'_M = 15' 32{,}6'' = 0{,}259°$
Radius	$R_M = 1{,}738 \cdot 10^3$ km = $0{,}2725\ R_E$
Volumen	$V_M = 2{,}199 \cdot 10^{10}$ km³ = $0{,}0203\ V_E$
Masse	$m_M = 7{,}347 \cdot 10^{22}$ kg = $0{,}0123\ m_E$
Mittlere Dichte	$\varrho_M = 3{,}341$ g $\cdot$ cm^{-3} = $0{,}61\ \varrho_E$
Fallbeschleunigung an der Oberfläche	$g_M = 1{,}62$ m $\cdot$ s^{-2} = $0{,}165\ g_E$
Mittlere Bahnneigung gegen die Erdbahn	$5° 8' 43'' = 5{,}1453°$
Monatslänge synodisch	$t_{syn} = 29{,}53059$ d
siderisch	$t_{sid} = 27{,}32166$ d

Sonne

Mittlere Entfernung von der Erde	$S_S = 149{,}6 \cdot 10^6$ km
Mittlerer scheinbarer Radius	$R'_S = 16' 1{,}2'' = 0{,}267°$
Radius	$R_S = 6{,}958 \cdot 10^5$ km = $109\ R_E$
Volumen	$V_S = 1{,}410 \cdot 10^{18}$ km³ = $1{,}3 \cdot 10^6\ V_E$
Masse	$m_S = 1{,}985 \cdot 10^{30}$ kg = $3{,}32 \cdot 10^5\ m_E$
Mittlere Dichte	$\varrho_S = 1{,}41 \cdot 10^3$ kg $\cdot$ m^{-3} = $0{,}26\ \varrho_E$
Fallbeschleunigung an der Oberfläche	$g_S = 2{,}74 \cdot 10^2$ m $\cdot$ s^{-2} = $27{,}5\ g_E$
Leuchtkraft	$L_S = 3{,}861 \cdot 10^{23}$ kW $\approx 4 \cdot 10^{23}$ kW
Oberflächentemperatur	$T \approx 6000$ K

chemie

Chemische Elemente

Die Elemente sind in alphabetischer Reihenfolge geordnet.
(1) Die angegebenen Werte in eckigen Klammern sind die relativen Atommassen des längstlebigen z. Z. bekannten Nuklids des betreffenden Elements.
Die verbindlichen Namen für die Elemente 104 und 105 sind von der IUPAG noch nicht festgelegt:
(2) Kurtschatovium auch Rutherfordium (Rf),
(3) Nielsbohrium auch Hahnium (Ha).

Element	Symbol	Protonenanzahl = Ordnungszahl	Relative Atommasse	Oxydationszahlen		Elektronegativitätswert
				positive	negative	
Aktinium	Ac	89	[227]	+3		1,1
Aluminium	Al	13	26, 98	+3		1,5
Amerizium	Am	95	[243]	+3		1,3
Antimon	Sb	51	121, 75	+3; +5	—3	1,9
Argon	Ar	18	39, 95	0		—
Arsen	As	33	74, 92	+3; +5	—3	2,0
Astat	At	85	[210]	+7	—1	2,2
Barium	Ba	56	137, 33	+2		0,9
Berkelium	Bk	97	[247]	+3		1,3
Beryllium	Be	4	9, 01	+2		1,5
Blei	Pb	82	207, 2	+2; +4		1,8
Bor	B	5	10, 81	+3		2,0
Brom	Br	35	79, 90	+1; +3; +5; +7	—1	2,8
Chlor	Cl	17	35, 45	+1; +3; +5; +7	—1	3,0
Chrom	Cr	24	51, 996	+2; +3; +6		1,6
Curium	Cm	96	[247]	+3		1,3
Dysprosium	Dy	66	162, 50	+3		1,2
Einsteinium	Es	99	[252]			1,3
Eisen	Fe	26	55, 85	+2; +3; +6		1,8
Erbium	Er	68	167, 26			1,2
Europium	Eu	63	151, 96	+3		1,2
Fermium	Fm	100	[257]			1,3
Fluor	F	9	18, 998		—1	4,0
Franzium	Fr	87	[223]	+1		0,7
Gadolinium	Gd	64	157, 25	+3		1,1
Gallium	Ga	31	69, 72	+3		1,6
Germanium	Ge	32	72, 59	+4	—4	1,8
Gold	Au	79	196, 967	+1; +3		2,4
Hafnium	Hf	72	178, 49	+4		1,3
Helium	He	2	4, 00	0		—
Holmium	Ho	67	164, 93	+3		1,2
Indium	In	49	114, 82	+3		1,7
Iridium	Ir	77	192, 22	+3; +4		2,2
Jod	I	53	126, 905	+1; +3; +5; +7	—1	2,5
Kadmium	Cd	48	112, 41	+2		1,7

Element	Symbol	Protonenanzahl = Ordnungszahl	Relative Atommasse	Oxydationszahlen		Elektronegativitätswert
				positive	negative	
Kalifornium	Cf	98	[251]			1,3
Kalium	K	19	39, 098	+1		0,8
Kalzium	Ca	20	40, 08	+2		1,0
Kobalt	Co	27	58, 93	+2; +3		1,8
Kohlenstoff	C	6	12, 01	+1; +2; +3; +4	—1; —2; —3; —4	2,5
Krypton	Kr	36	83, 80	0		—
Kupfer	Cu	29	63, 546	+1; +2		1,9
Kurtschatovium	(Ku)	104	[261]			
Lanthan	La	57	138, 91	+3		1,1
Lawrencium	Lr	103	[260]			1,3
Lithium	Li	3	6, 94	+1		1,0
Lutetium	Lu	71	174, 97	+3		1,2
Magnesium	Mg	12	24, 31	+2		1,2
Mangan	Mn	25	54, 94	+2; +4; +6; +7		1,5
Mendelevium	Md	101	[258]			1,3
Molybdän	Mo	42	95, 94	+6		1,8
Natrium	Na	11	22, 989	+1		0,9
Neodym	Nd	60	144, 24	+3		1,2
Neon	Ne	10	20, 18	0		
Neptunium	Np	93	237, 05	+5		1,3
Nickel	Ni	28	58, 70	+2		1,8
Nielsbohrium	(Ns)	105	[262]			—
Niob	Nb	41	92, 91	+5		1,6
Nobelium	No	102	[259]			1,3
Osmium	Os	76	190, 2	+4; +8		2,2
Palladium	Pd	46	106, 4	+2; +4		2,2
Phosphor	P	15	30, 97	+3; +5	—3	2,1
Platin	Pt	78	195, 09	+2; +4		2,2
Plutonium	Pu	94	[244]	+4		1,3
Polonium	Po	84	[209]	+4	—2	2,0
Praseodym	Pr	59	140, 91	+3		1,1
Promethium	Pm	61	[145]	+3		1,1
Protaktinium	Pa	91	231, 03	+5		1,5
Quecksilber	Hg	80	200, 59	+1; +2		1,9
Radium	Ra	88	226, 03	+2		0,9
Radon	Rn	86	[222]	0		—
Rhenium	Re	75	186, 21	+7		1,9
Rhodium	Rh	45	102, 91	+3; +4		2,2
Rubidium	Rb	37	85, 47	+1		0,8
Ruthenium	Ru	44	101, 07	+4; +8		2,2
Samarium	Sm	62	150, 4	+3		1,2
Sauerstoff	O	8	15, 999		—1; —2	3,5
Schwefel	S	16	32, 06	+4; +6	—2	2,5
Selen	Se	34	78, 96	+4; +6	—2	2,4
Silber	Ag	47	107, 868	+1		1,9
Silizium	Si	14	28, 086	+4	—4	1,6
Skandium	Sc	21	44, 956	+3		1,3
Stickstoff	N	7	14, 007	+3; +5	—3	3,0
Strontium	Sr	38	87, 62	+2		1,0
Tantal	Ta	73	180, 948	+5		1,5
Technetium	Tc	43	[97]	+7		1,9
Tellur	Te	52	127, 60	+4; +6	—2	2,1
Terbium	Tb	65	158, 93	+3		1,2
Thallium	Tl	81	204, 37	+3		1,8
Thorium	Th	90	232, 04	+4		1,3
Thulium	Tm	69	168, 93	+3		1,2
Titan	Ti	22	47, 90	+4		1,5

Element	Symbol	Protonen-anzahl = Ordnungs-zahl	Relative Atom-masse	Oxydationszahlen		Elektro-negativi-tätswert
				positive	negative	
Uran	U	92	238, 03	+4; +5; +6		1,7
Vanadin	V	23	50, 94	+5		1,6
Wasserstoff	H	1	1, 008	+1	—1	2,1
Wismut	Bi	83	208, 98	+3	—3	1,9
Wolfram	W	74	183, 85	+6		1,7
Xenon	Xe	54	131, 30	0		—
Ytterbium	Yb	70	173, 04	+3		1,1
Yttrium	Y	39	88, 91	+3		1,3
Zäsium	Cs	55	132, 91	+1		0,7
Zer	Ce	58	140, 12	+3		1,1
Zink	Zn	30	65, 38	+2		1,6
Zinn	Sn	50	118, 69	+2; +4		1,8
Zirkonium	Zr	40	91, 22	+4		1,4

Anorganische Stoffe

Name	Symbol bzw. Formel	Molare Masse M in $g \cdot mol^{-1}$ (gerundet)	Dichte ϱ in $g \cdot cm^{-3}$	Schmelz-temperatur ϑ_s in °C	Siede-temperatur ϑ_v in °C
Aluminium	Al	27,0	2,70	659	2450
Aluminiumoxid	Al_2O_3	101,9	3,90	2045	3530
Aluminiumsulfat	$Al_2(SO_4)_3$	342,1	2,71	zersetzlich ab 600	—
Ammoniak	NH_3	17,0	0,77 $g \cdot l^{-1}$	—77,7	—33,4
Ammonium-chlorid	NH_4Cl	53,5	1,54		subl. 335
Ammoniumnitrat	NH_4NO_3	80,0	1,73	169	zersetzlich ab 200
Ammoniumsulfat	$(NH_4)_2SO_4$	132,1	1,77	513	zersetzlich
Barium	Ba	137,3	3,65	710	1696
Bariumchlorid	$BaCl_2$	208,3	3,09	955	1562
Bariumhydroxid	$Ba(OH)_2$	171,4	4,5	78	103
Blei	Pb	207,2	11,39	327	1755
Blei(II)-nitrat	$Pb(NO_3)_2$	331,2	4,53	zersetzlich ab 200	—
Blei(II)-oxid	PbO	223,2	9,53	890	1470
Blei(II,IV)-oxid	Pb_3O_4	685,6	9,10	zersetzlich ab 830	—
Blei(IV)-oxid	PbO_2	239,2	9,37		
Brom	Br_2	160	3,14	—7	59
Bromwasserstoff	HBr	81	2,17 $g \cdot l^{-1}$	—87	—67
Chlor	Cl_2	70,9	3,214 $g \cdot l^{-1}$	—101	—34
Chlorwasserstoff	HCl	36,5	1,639 $g \cdot l^{-1}$	—112	—85
Chrom	Cr	52,0	7,19	1875	2327
Eisen	Fe	55,8	7,86	1537	2730
Eisen(III)-chlorid	$FeCl_3$	162,2	2,80	304	319
Eisen(II)-oxid	FeO	71,8	5,70	1360	
Eisen(III)-oxid	Fe_2O_3	159,7	5,24	1565	
Eisen(II)-sulfid	FeS	87,9	4,84	1195	
Fluor	F_2	38,0	1,69 $g \cdot l^{-1}$	—220	—188
Fluorwasserstoff	HF	20,0	0,99 (flüssig)	—88	20

Name	Symbol bzw. Formel	Molare Masse M in $g \cdot mol^{-1}$ (gerundet)	Dichte ϱ in $g \cdot cm^{-3}$	Schmelz-temperatur ϑ_s in °C	Siede-temperatur ϑ_v in °C
Gold	Au	197,0	19,3	1063	2677
Helium	He	4,0	0,178 $g \cdot l^{-1}$	—270	—269
Jod	I_2	253,8	4,93	114	185
Jodwasserstoff	HI	127,9	5,79 $g \cdot l^{-1}$	—51	—35
Kalium	K	39,1	0,86	64	776
Kaliumbromid	KBr	119,0	2,75	742	1382
Kaliumchlorat	$KClO_3$	122,5	2,32	zersetzlich ab 356	—
Kaliumchlorid	KCl	74,5	1,98	770	1405
Kaliumdichromat	$K_2Cr_2O_7$	294,1	2,69	395	zersetzlich ab 500
Kaliumhydroxid	KOH	56,1	2,04	360	1327
Kaliumkarbonat	K_2CO_3	138,2	2,43	897	—
Kaliumnitrat	KNO_3	101,1	2,11	308	zersetzlich ab 400
Kalium-permanganat	$KMnO_4$	158,0	2,70	zersetzlich ab 240	—
Kalzium	Ca	40,1	1,52	851	1439
Kalziumchlorid	$CaCl_2$	111,0	2,15	772	$>$ 1600
Kalziumfluorid	CaF_2	78,1	3,18	1392	2500
Kalziumhydroxid	$Ca(OH)_2$	74,1	2,23	zersetzlich	—
Kalziumkarbid	CaC_2	64,1	2,22	2300	
Kalziumkarbonat	$CaCO_3$	100,1	2,93	zersetzlich ab 825	
Kalziumoxid	CaO	56,1	3,40	2572	2850
Kalziumphosphat	$Ca_3(PO_4)_2$	310,2	3,14	1730	
Kalziumsulfat	$CaSO_4$	136,1	2,96	1297	
Kobalt	Co	58,9	8,83	1490	3185
Kohlendioxid	CO_2	44,0	1,977 $g \cdot l^{-1}$		subl. —78,5
Kohlendisulfid	CS_2	76,1	1,26	—112	46
Kohlenmonoxid	CO	28,0	1,250 $g \cdot l^{-1}$	—205	—192
Kohlenstoff					
(Diamant)	C	12,0	3,51	3540	4347
(Graphit)	C	12,0	2,25	3805	4347
Kupfer	Cu	63,5	8,93	1083	2595
Kupfer(II)-chlorid	$CuCl_2$	134,5	3,05	630	655
Kupfer(I)-oxid	Cu_2O	143,0	6,0	1232	
Kupfer(II)-oxid	CuO	79,5	6,45	zersetzlich ab 1336	
Kupfer(II)-sulfat	$CuSO_4$	159,6	3,61	200	zersetzlich ab 650
Magnesium	Mg	24,3	1,74	650	1110
Magnesiumchlorid	$MgCl_2$	95,2	2,32	712	1420
Magnesiumoxid	MgO	40,3	3,65	2640	2800
Magnesiumsulfat	$MgSO_4$	120,4	2,66	1127	
Mangan	Mn	54,9	7,21	1244	2152
Natrium	Na	23,0	0,97	98	883
Natriumchlorid	NaCl	58,4	2,16	800	1465
Natriumhydroxid	NaOH	40,0	2,13	122	1390
Natriumkarbonat	Na_2CO_3	106,0	2,53	852	zersetzlich ab 1600
Natriumnitrat	$NaNO_3$	85,0	2,25	310	zersetzlich ab 380
Natriumsulfat	Na_2SO_4	142,0	2,69	884	

Name	Symbol bzw. Formel	Molare Masse M in $g \cdot mol^{-1}$ (gerundet)	Dichte ϱ in $g \cdot cm^{-3}$	Schmelztemperatur ϑ_S in °C	Siedetemperatur ϑ_V in °C
Nickel	Ni	58,7	8,90	1453	3177
Ozon	O_3	48,0	2,22 $g \cdot l^{-1}$	—251	—113
Perchlorsäure	$HClO_4$	100,4	1,76	—112	39
Phosphor (weiß)	P	31,0	1,82	44	280
Phosphorpentoxid	P_2O_5	142,0	2,11		subl. 358
Phosphorsäure	H_3PO_4	98,0	1,88	42	—
Platin	Pt	195,1	21,45	1773	3827
Quecksilber	Hg	200,5	13,55	—39	357
Quecksilber(II)-chlorid	$HgCl_2$	271,5	5,42	277	304
Quecksilber(II)-oxid	HgO	216,6	11,14	zersetzlich ab 100	
Salpetersäure	HNO_3	63,0	1,51	—47	zersetzlich ab 86
Sauerstoff	O_2	32,0	1,429 $g \cdot l^{-1}$	—219	—183
Schwefel (rhombisch)	S	32,0	2,07	113	445
Schwefeldioxid	SO_2	64,0	2,93 $g \cdot l^{-1}$	—76	—10
Schwefelsäure	H_2SO_4	98,0	1,83	11	zersetzlich ab 338
Schwefeltrioxid	SO_3	80,0	2,75	17	45
Schwefelwasserstoff	H_2S	34,0	1,529 $g \cdot l^{-1}$	—86	—60
Silber	Ag	107,9	10,50	961	2180
Silbernitrat	$AgNO_3$	169,8	4,35	209	zersetzlich ab 444
Silizium	Si	28,0	2,4	1414	2630
Siliziumdioxid (Quarz)	SiO_2	60,0	2,65	1470	2230
Stickstoff	N_2	28,0	1,251 $g \cdot l^{-1}$	—210	—195,8
Stickstoffdioxid	NO_2	46,0	1,49 $g \cdot l^{-1}$	—11	21
Stickstoffmonoxid	NO	30,0	1,340 $g \cdot l^{-1}$	—164	—152
Wasser	H_2O	18,0	1,0	0	100
Wasserstoff	H_2	2,0	0,089 $g \cdot l^{-1}$	—259	—253
Wasserstoffperoxid	H_2O_2	34,0	1,46	—2	152
Zink	Zn	65,4	7,13	419	907
Zinkchlorid	$ZnCl_2$	136,3	2,91	313	732
Zinkoxid	ZnO	81,4	5,47	1975	subl. 1800
Zinn	Sn	118,7	7,28	232	2430
Zyanwasserstoffsäure	HCN	27,0	0,70	—13	26

88

Organische Stoffe

Name	Formel	Molare Masse M in $g \cdot mol^{-1}$ (gerundet)	Dichte ϱ in $g \cdot cm^{-3}$	Schmelztemperatur ϑ_s in °C	Siedetemperatur ϑ_v in °C
Aminobenzen (Anilin)	$C_6H_5NH_2$	93,1	1,02	—6	184,4
Äthan	C_2H_6	30,0	1,356 $g \cdot l^{-1}$	—172	—89
Äthanal (Azetaldehyd)	CH_3CHO	44,0	0,788 (13 °C)	—123	20,2
Äthanol	C_2H_5OH	46,0	0,789	—114	78,4
Äthansäure (Essigsäure)	CH_3COOH	60,0	1,05	16,6	118,1
Äthen	C_2H_4	28,0	1,260 $g \cdot l^{-1}$	—170	—104
Äthin	C_2H_2	26,0	1,17 $g \cdot l^{-1}$	—81,8 (119 kPa)	subl. —83,8
Benzaldehyd	C_6H_5CHO	106,1	1,05	—26	178
Benzoesäure	C_6H_5COOH	122,1	1,27 (15 °C)	122	249
Benzen	C_6H_6	78,0	0,88	5,5	80
Chloräthen (Vinylchlorid)	C_2H_3Cl	62,5	0,97 (—13 °C)	—159,7	—13,5
1,2-Dichlorbenzen	$C_6H_4Cl_2$	147,0	1,30	—17,5	179
1,3-Dichlorbenzen	$C_6H_4Cl_2$	147,0	1,29	—24,4	172
1,4-Dichlorbenzen	$C_6H_4Cl_2$	147,0	1,26 (55 °C)	54	174
Glukose (Traubenzucker)	$C_6H_{12}O_6$	180,0	1,54 (25 °C)	146	zersetzlich ab 200
Kohlensäurediamid (Harnstoff)	$CO(NH_2)_2$	60,0	1,34	133	zersetzlich
Methan	CH_4	16,0	0,72 $g \cdot l^{-1}$	—184	—164
Methanal (Formaldehyd)	$HCHO$	30,0	0,82 (—20 °C)	—92	—21
Methanol	CH_3OH	32,0	0,792	—98	65
Methansäure (Ameisensäure)	$HCOOH$	46,0	1,23	8,0	101
Methylbenzen (Toluol)	$C_6H_5CH_3$	92,1	0,87 (15 °C)	—95	111
Monochloräthan (Äthylchlorid)	C_2H_5Cl	64,5	0,92 (6 °C)	—138,7	13,0
Nitrobenzen	$C_6H_5NO_2$	123,1	1,20	6	210,9
Oktadekansäure (Stearinsäure)	$C_{17}H_{35}COOH$	284,5	0,84 (80 °C)	69	291 (13,3 kPa)
Oktadeken-(9)-säure (Ölsäure)	$C_{17}H_{33}COOH$	282,5	0,89 (25 °C)	14	205 (0,67 kPa)
Phenol	C_6H_5OH	94,1	1,05 (45 °C)	41	181
Phthalsäure	$C_6H_4(COOH)_2$	166,1	1,59	208	zersetzlich ab 231
Propan	C_3H_8	44,0	2,019 $g \cdot l^{-1}$	—190	—42
Propan-1-ol	C_3H_7OH	60,0	0,80	—126	97
Propanon (Azeton)	CH_3COCH_3	58	0,79	—95	56
Terephthalsäure	$C_6H_4(COOH)_2$	166,1	1,51		subl.
Tetrachlormethan (Tetrachlorkohlenstoff)	CCl_4	153,8	1,60	—23	77

Molare Bildungsenthalpie einiger Stoffe

bei T = 298 K und p = 101 325 Pa.
(s) — fest; (l) — flüssig; (g) — gasförmig

Name	Formel	Aggregatzustand	Molare Bildungsenthalpie $\Delta_B H$ in $kJ \cdot mol^{-1}$
Aluminiumoxid	Al_2O_3	(s)	—1675
Aluminiumsulfat	$Al_2(SO_4)_3$	(s)	—2930
Ammoniak	NH_3	(g)	—46
Ammoniumchlorid	NH_4Cl	(s)	—315
Ammoniumnitrat	NH_4NO_3	(s)	—365
Ammoniumsulfat	$(NH_4)_2SO_4$	(s)	—1179
Arsentrioxid	As_2O_3	(s)	—656
Bariumchlorid	$BaCl_2$	(s)	—861
Bariumhydroxid	$Ba(OH)_2$	(s)	—946
Blei(II)-nitrat	$Pb(NO_3)_2$	(s)	—448
Blei(II)-oxid	PbO	(s)	—218
Blei(II,IV)-oxid	Pb_3O_4	(s)	—713
Bromwasserstoff	HBr	(g)	—36
Chlorwasserstoff	HCl	(g)	—92
Eisen(III)-chlorid	$FeCl_3$	(s)	—392
Eisen(II)-oxid	FeO	(s)	—267
Eisen(III)-oxid	Fe_2O_3	(s)	—822
Eisen(II)-sulfid	FeS	(s)	—95
Fluorwasserstoff	HF	(g)	—269
Jodwasserstoff	HI	(g)	+26
Kaliumbromid	KBr	(s)	—394
Kaliumchlorat	$KClO_3$	(s)	—382
Kaliumchlorid	KCl	(s)	—436
Kaliumdichromat	$K_2Cr_2O_7$	(s)	—2045
Kaliumhydroxid	KOH	(s)	—427
Kaliumkarbonat	K_2CO_3	(s)	—1181
Kaliumnitrat	KNO_3	(s)	—494
Kaliumpermanganat	$KMnO_4$	(s)	—808
Kaliumzyanid	KCN	(s)	—119
Kalziumchlorid	$CaCl_2$	(s)	—798
Kalziumfluorid	CaF_2	(s)	—1215
Kalziumhydroxid	$Ca(OH)_2$	(s)	—988
Kalziumkarbonat	$CaCO_3$	(s)	—1206
Kalziumoxid	CaO	(s)	—635
Kalziumphosphat	$Ca_3(PO_4)_2$	(s)	—4116
Kalziumsulfat	$CaSO_4$	(s)	—1418
Kohlendioxid	CO_2	(g)	—394
Kohlendisulfid	CS_2	(l)	+65
Kohlenmonoxid	CO	(g)	—111
Kupfer(II)-chlorid	$CuCl_2$	(s)	—224
Kupfer(I)-oxid	Cu_2O	(s)	—170
Kupfer(II)-oxid	CuO	(s)	—165
Kupfer(II)-sulfat	$CuSO_4$	(s)	—772
Magnesiumchlorid	$MgCl_2$	(s)	—642
Magnesiumoxid	MgO	(s)	—601
Magnesiumsulfat	$MgSO_4$	(s)	—1311

Name	Formel	Aggregat-zustand	Molare Bildungs-enthalpie $\Delta_B H$ in $kJ \cdot mol^{-1}$
Natriumchlorid	$NaCl$	(s)	−411
Natriumhydroxid	$NaOH$	(s)	−427
Natriumkarbonat	Na_2CO_3	(s)	−1132
Natriumnitrat	$NaNO_3$	(s)	−468
Natriumsulfat	Na_2SO_4	(s)	−1391
Ozon	O_3	(g)	+142
Phosphor(V)-oxid	P_2O_5	(s)	−1548
Phosphorsäure	H_3PO_4	(s)	−1281
Quecksilber(II)-chlorid	$HgCl_2$	(s)	−230
Quecksilber(II)-oxid	HgO	(s)	−90
Salpetersäure	HNO_3	(l)	−173
Schwefeldioxid	SO_2	(g)	−270
Schwefelsäure	H_2SO_4	(l)	−811
Schwefeltrioxid	SO_3	(s)	−446
Schwefelwasserstoff	H_2S	(g)	−21
Silbernitrat	$AgNO_3$	(s)	−123
Siliziumdioxid (Quarz)	SiO_2	(s)	−860
Stickstoffdioxid	NO_2	(g)	+33
Stickstoffmonoxid	NO	(g)	+90
Wasser	H_2O	(l)	−286
Wasserstoffperoxid	H_2O_2	(l)	−188
Zinkchlorid	$ZnCl_2$	(s)	−416
Zinkoxid	ZnO	(s)	−349
Zyanwasserstoffsäure	HCN	(g)	+131
Aminobenzen (Anilin)	$C_6H_5NH_2$	(l)	+35
Äthan	C_2H_6	(g)	−85
Äthanal (Azetaldehyd)	CH_3CHO	(l)	−209
Äthanol	C_2H_5OH	(l)	−278
Äthansäure (Essigsäure)	CH_3COOH	(l)	−485
Äthen	C_2H_4	(g)	+52
Äthin	C_2H_2	(g)	+227
Benzoesäure	C_6H_5COOH	(s)	−381
Benzen	C_6H_6	(l)	+49
Kohlensäurediamid (Harnstoff)	$CO(NH_2)_2$	(s)	−331
Methan	CH_4	(g)	−75
Methanal (Formaldehyd)	$HCHO$	(g)	−116
Methanol	CH_3OH	(l)	−239
Methansäure (Ameisensäure)	$HCOOH$	(l)	−409
Methylbenzen (Toluol)	$C_6H_5CH_3$	(l)	+15
Nitrobenzen	$C_6H_5NO_2$	(l)	+18
Phenol	C_6H_5OH	(l)	−155
Phthalsäure	$C_6H_4(COOH)_2$	(s)	−784
Propan	C_3H_8	(g)	−104
Propan-1-ol	C_3H_7OH	(l)	−303
Propanon (Azeton)	CH_3COCH_3	(l)	−235
Tetrachlormethan (Tetrachlorkohlenstoff)	CCl_4	(l)	−142

Säurekonstanten einiger Säuren bei 22 °C

Säure	Formel	Säurekonstante K_S in $mol \cdot l^{-1}$
Perchlorsäure	$HClO_4$	$1,0 \cdot 10^{10}$
Chlorwasserstoffsäure	HCl	$1,0 \cdot 10^{7}$
Schwefelsäure	H_2SO_4	$1,0 \cdot 10^{3}$
Salpetersäure	HNO_3	$2,1 \cdot 10^{1}$
Hydronium-Ionen	H_3O^+	$1,0 \cdot 10^{0}$
Hydrogensulfat-Ionen	HSO_4^-	$1,2 \cdot 10^{-2}$
Orthophosphorsäure	H_3PO_4	$7,5 \cdot 10^{-3}$
Hexaquoeisen(III)-Ionen	$[Fe(H_2O)_6]^{3+}$	$6,0 \cdot 10^{-3}$
Fluorwasserstoffsäure	HF	$6,2 \cdot 10^{-4}$
Äthansäure (Essigsäure)	CH_3COOH	$1,8 \cdot 10^{-5}$
Hexaquoaluminium-Ionen	$[Al(H_2O)_6]^{3+}$	$1,4 \cdot 10^{-5}$
Kohlensäure	H_2CO_3	$4,3 \cdot 10^{-7}$
Dihydrogenphosphat-Ionen	$H_2PO_4^-$	$6,2 \cdot 10^{-8}$
Ammonium-Ionen	NH_4^+	$5,6 \cdot 10^{-10}$
Hexaquozink-Ionen	$[Zn(H_2O)_6]^{2+}$	$2,5 \cdot 10^{-10}$
Phenol	C_6H_5OH	$1,3 \cdot 10^{-10}$
Hydrogenkarbonat-Ionen	HCO_3^-	$5,6 \cdot 10^{-11}$
Hydrogenphosphat-Ionen	HPO_4^{2-}	$2,2 \cdot 10^{-13}$
Wasser	H_2O	$1,0 \cdot 10^{-14}$

Basekonstanten einiger Basen bei 22 °C

Base	Formel	Basekonstante K_B in $mol \cdot l^{-1}$
Oxid-Ionen	O^{2-}	$1,0 \cdot 10^{10}$
Amid-Ionen	NH_2^-	$1,0 \cdot 10^{9}$
Hydroxid-Ionen	OH^-	$1,0 \cdot 10^{0}$
Phosphat-Ionen	PO_4^{3-}	$4,5 \cdot 10^{-2}$
Karbonat-Ionen	CO_3^{2-}	$1,8 \cdot 10^{-4}$
Ammoniak	NH_3	$1,8 \cdot 10^{-5}$
Hydrogenphosphat-Ionen	HPO_4^{2-}	$1,6 \cdot 10^{-7}$
Hydrogenkarbonat-Ionen	HCO_3^-	$2,3 \cdot 10^{-8}$
Azetat-Ionen	CH_3COO^-	$5,6 \cdot 10^{-10}$
Anilin	$C_6H_5NH_2$	$3,8 \cdot 10^{-10}$
Dihydrogenphosphat-Ionen	$H_2PO_4^-$	$1,3 \cdot 10^{-12}$
Harnstoff	$CO(NH_2)_2$	$1,5 \cdot 10^{-14}$
Wasser	H_2O	$1,0 \cdot 10^{-14}$

Löslichkeitsprodukte bei 20 °C

Name	Formel	Zahlen-wert	Einheit
Bariumkarbonat	$BaCO_3$	$7,0 \cdot 10^{-9}$	$mol^2 \cdot l^{-2}$
Bariumsulfat	$BaSO_4$	$1,1 \cdot 10^{-10}$	$mol^2 \cdot l^{-2}$
Blei(II)-karbonat	$PbCO_3$	$1,5 \cdot 10^{-15}$	$mol^2 \cdot l^{-2}$
Blei(II)-chlorid	$PbCl_2$	$1,8 \cdot 10^{-4}$	$mol^3 \cdot l^{-3}$
Blei(II)-sulfid	PbS	$3,4 \cdot 10^{-28}$	$mol^2 \cdot l^{-2}$
Blei(II)-sulfat	$PbSO_4$	$2 \cdot 10^{-8}$	$mol^2 \cdot l^{-2}$
Eisen(II)-sulfid	FeS	$3,7 \cdot 10^{-19}$	$mol^2 \cdot l^{-2}$
Kaliumperchlorat	$KClO_4$	$1,1 \cdot 10^{-2}$	$mol^2 \cdot l^{-2}$
Kalziumkarbonat	$CaCO_3$	$4,8 \cdot 10^{-9}$	$mol^2 \cdot l^{-2}$
Kalziumsulfat	$CaSO_4$	$6,1 \cdot 10^{-5}$	$mol^2 \cdot l^{-2}$
Kupfer(II)-karbonat	$CuCO_3$	$1,4 \cdot 10^{-10}$	$mol^2 \cdot l^{-2}$

Name	Formel	Zahlenwert	Einheit
Kupfer(I)-chlorid	$CuCl$	$1{,}8 \cdot 10^{-7}$	$mol^2 \cdot l^{-2}$
Kupfer(I)-sulfid	Cu_2S	$2{,}0 \cdot 10^{-47}$	$mol^3 \cdot l^{-3}$
Kupfer(II)-sulfid	CuS	$8 \cdot 10^{-37}$	$mol^2 \cdot l^{-2}$
Magnesiumkarbonat	$MgCO_3$	$1 \cdot 10^{-10}$	$mol^2 \cdot l^{-2}$
Mangankarbonat	$MnCO_3$	$1 \cdot 10^{-10}$	$mol^2 \cdot l^{-2}$
Natriumhydrogenkarbonat	$NaHCO_3$	$1{,}3 \cdot 10^{-3}$	$mol^2 \cdot l^{-2}$
Quecksilber(I)-karbonat	Hg_2CO_3	$9 \cdot 10^{-17}$	$mol^3 \cdot l^{-3}$
Quecksilber(I)-sulfid	Hg_2S	$1 \cdot 10^{-45}$	$mol^3 \cdot l^{-3}$
Silberbromid	$AgBr$	$6{,}3 \cdot 10^{-13}$	$mol^2 \cdot l^{-2}$
Silberchlorid	$AgCl$	$1{,}6 \cdot 10^{-10}$	$mol^2 \cdot l^{-2}$
Silberjodid	AgI	$1{,}5 \cdot 10^{-16}$	$mol^2 \cdot l^{-2}$
Wismut(III)-sulfid	Bi_2S_3	$1{,}6 \cdot 10^{-72}$	$mol^5 \cdot l^{-5}$
Zinkkarbonat	$ZnCO_3$	$6 \cdot 10^{-11}$	$mol^2 \cdot l^{-2}$

Elektrochemische Spannungsreihe bei 298 K

Metall/Metall-Ionen-Elektrode (Standardelektrode)	Standardpotential in V	Metall/Metall-Ionen-Elektrode (Standardelektrode)	Standardpotential in V
Li/Li^{+}	−3,01	Cd/Cd^{2+}	−0,40
K/K^{+}	−2,92	Ni/Ni^{2+}	−0,23
Ca/Ca^{2+}	−2,84	Sn/Sn^{2+}	−0,14
Na/Na^{+}	−2,71	Pb/Pb^{2+}	−0,13
Mg/Mg^{2+}	−2,38	$H/2H^{+}$	± 0,000
Mn/Mn^{2+}	−1,03	Cu/Cu^{2+}	+0,34
Al/Al^{3+}	−1,66	Ag/Ag^{+}	+0,80
Zn/Zn^{2+}	−0,76	Hg/Hg^{2+}	+0,85
Cr/Cr^{3+}	−0,71	Au/Au^{3+}	+1,42
Fe/Fe^{2+}	−0,44		

Größengleichungen aus der Chemie

Massenanteil w_B

$$w_B = \frac{m_B}{m}$$

m_B: Masse des Stoffes B
m: Masse des Stoffgemisches

Einheiten: 1 oder % oder ‰

Volumenanteil φ_B

$$\varphi_B = \frac{V_B}{V}$$

V_B: Volumen des Stoffes B
V: Volumen des Stoffgemisches

Einheiten: 1 oder % oder ‰

Stoffmengenanteil $\varkappa_B$

$$\varkappa_B = \frac{n_B}{n}$$

n_B: Stoffmenge des Stoffes B
n: Stoffmenge des Stoffgemisches

Einheiten: 1 oder % oder ‰

Stoffmengenkonzentration c_B

$$c_B = \frac{n_B}{V}$$

n_B: Stoffmenge des Stoffes B
V: Volumen der Lösung

Einheiten: $mol \cdot m^{-3}$; $mol \cdot l^{-1}$

Molare Volumenarbeit W_m

$$W_m = -p\,\Delta_R V_m$$

Für die Reaktion $\nu_A A + \nu_B B \longrightarrow \nu_C C + \nu_D D$ gilt:

$$\Delta_R V_m = (\nu_C V_{mC} + \nu_D V_{mD}) - (\nu_A V_{mA} + \nu_B V_{mB})$$

$\Delta_R V_m$: Änderung des molaren Volumens bei der chemischen Reaktion

Molare Reaktionsenthalpie $\Delta_R H$

$$\Delta_R H = \Delta_R U + p\,\Delta_R V_m$$
$$\Delta_R H = \Delta_R U - W_m$$

Änderung der molaren inneren Energie $\Delta_R U$

$\Delta_R U = Q_m - p \, \Delta_R V_m$ — Q_m: molare Reaktionswärme

Berechnungen mit der kalorimetrischen Grundgleichung

$$\Delta_R H = -\frac{m_{H_2O} \cdot c_{p\,H_2O} \cdot \Delta T}{n}$$

m_{H_2O}: Masse des Kalorimeterwassers
$c_{p\,H_2O}$: spezifische Wärmekapazität des Wassers
ΔT: Temperaturänderung

Berechnung der molaren Reaktionsenthalpie nach dem Satz von Hess

Für die Reaktion $AB + CD \longrightarrow AC + BD$ gilt:
$\Delta_R H = (\Delta_B H_{AC} + \Delta_B H_{BD}) - (\Delta_B H_{AB} + \Delta_B H_{CD})$

Reaktionsgeschwindigkeit v

$$v = \frac{dc}{dt}$$

c: Konzentration
t: Zeit

Massenwirkungsgesetz (MWG)

Für die Reaktion $\nu_A A + \nu_B B \rightleftarrows \nu_C C + \nu_D D$ gilt: $\dfrac{c_C^{\nu_C} \cdot c_D^{\nu_D}}{c_A^{\nu_A} \cdot c_B^{\nu_B}} = K_c$

Gleichgewichtskonstanten K_S und K_B

$$\frac{c_{H_3O^+} \cdot c_B}{c_{HB}} = K_S \qquad \frac{c_{OH^-} \cdot c_{HB}}{c_B} = K_B$$

HB: Säure
B: Base

Ionenprodukt des Wassers K_W

$c_{H_3O^+} \cdot c_{OH^-} = K_W$
$K_W = 1 \cdot 10^{-14}\ mol^2 \cdot l^{-2}$ (bei 22 °C)

pH-Wert

$$pH = -\lg \frac{c_{H_3O^+}}{mol \cdot l^{-1}}$$

Titration einwertiger Lösungen

Berechnung der Stoffmengenkonzentration:
$$c_1 = \frac{c_2 \cdot V_2}{V_1}$$
Berechnung der Stoffmenge:
$n_1 = c_2 \cdot V_2$
Berechnung der Masse:
$m_1 = M_1 \cdot c_2 \cdot V_2$

c_1: Stoffmengenkonzentration der zu bestimmenden Lösung
c_2: Stoffmengenkonzentration der Maßlösung
V_1: Volumen der zu bestimmenden Lösung
V_2: Volumen der verbrauchten Maßlösung
n_1: Stoffmenge des zu bestimmenden Stoffes
m_1: Masse des zu bestimmenden Stoffes
M_1: molare Masse des zu bestimmenden Stoffes

Löslichkeitsprodukt des Salzes AB L_{AB}

$c_{A^+} \cdot c_{B^-} = L_{AB}$

Erstes Faradaysches Gesetz

$n \sim I \cdot t$

n: Stoffmenge
I: Stromstärke
t: Zeit

Zweites Faradaysches Gesetz

$n_1 : n_2 = z_2 : z_1$

$$m_1 : m_2 = \frac{M_1}{z_1} : \frac{M_2}{z_2}$$

n: Stoffmenge
m: Masse
M: molare Masse
z: Anzahl der Elementarladungen

Berechnungen nach den Faradayschen Gesetzen

$I \cdot t = F \cdot n \cdot z$

$\frac{m}{M} = \frac{I \cdot t}{F \cdot z}$

F: Faradaysche Konstante ($F = 9{,}65 \cdot 10^4\ \mathrm{A \cdot s \cdot mol^{-1}}$)
n: Stoffmenge in mol
z: Anzahl der Elementarladungen
t: Zeit
m: Masse
M: molare Masse
I: Stromstärke

Ermittlung der Summenformel organischer Stoffe (Schritte und Tätigkeiten)

0. Ermitteln der qualitativen Zusammensetzung des Stoffes

- Durchführen von Nachweisreaktionen

1. Quantitative Elementaranalyse

- Oxydieren des Stoffes und Bestimmen der Masse bzw. des Volumens der entstehenden Oxide
- Umrechnen des Volumens auf den Normzustand:
  $V_0 = F \cdot V$
- Berechnen der Masse der enthaltenen Elemente, z. B. Masse des Kohlenstoffs
  $m_C = \frac{n_C \cdot M_C \cdot V_{0CO_2}}{n_{CO_2} \cdot V_m}$

2. Berechnen der Verhältnisformel des Stoffes

- Berechnen des Stoffmengenverhältnisses der enthaltenen Elemente
  $n_C : n_H : n_O = \frac{m_C}{M_C} : \frac{m_H}{M_H} : \frac{m_O}{M_O}$
- Umrechnen auf ganze Zahlen
- Aufstellen der Verhältnisformel

3. Bestimmen der molaren Masse des Stoffes

- Experimentelles Bestimmen des Dampfvolumens des Stoffes und Umrechnen auf den Normzustand
- Berechnen der molaren Masse
  $M = \frac{m \cdot V_m}{V_0}$

4. Berechnen der Summenformel des Stoffes aus der Verhältnisformel und der molaren Masse

- Berechnen der relativen Formelmasse entsprechend der Verhältnisformel
- Berechnen des Faktors x aus dem Zahlenwert der molaren Masse und der relativen Formelmasse
- Multiplizieren der Indizes in der Verhältnisformel mit x

Stöchiometrisches Rechnen

Gesuchte Größe	Gegebene Größe	Allgemeine Größengleichung	Gesuchte Größe	Gegebene Größe	Allgemeine Größengleichung
m_1	m_2	$\frac{m_1}{m_2} = \frac{n_1 \cdot M_1}{n_2 \cdot M_2}$	V_1	m_2	$\frac{V_1}{m_2} = \frac{n_1 \cdot V_{m,1}}{n_2 \cdot M_2}$
m_1	V_2	$\frac{m_1}{V_2} = \frac{n_1 \cdot M_1}{n_2 \cdot V_{m,2}}$	V_1	V_2	$\frac{V_1}{V_2} = \frac{n_1}{n_2}$

n: Stoffmenge in mol
m: Masse der beteiligten Stoffe in g
V: Volumen der beteiligten Stoffe in l
M: molare Masse in $\mathrm{g \cdot mol^{-1}}$
V_m: molares Volumen in $\mathrm{l \cdot mol^{-1}}$

Register